nking

「ワーク」を「ワクワク」に変える

コーチフル思考

村本麗子

みらい PUBLISHING

まえがき

会社には、構造上2つの立場が存在します。管理する側と、管理される側です。

管理職という肩書きがつき、「部下を管理しなくては」「プロジェクトを管理しなくては」「チームを管理しなくては」と意気込む気持ちもわかります。

ただ、ここで考えて欲しいのです。

「もし自分が部下だったら、上司に、〝管理〟されたいのか？」と。

マネジメント（management）という言葉があります。今ではすっかり日本に馴染んだ言葉であり、「管理」という意味が定着してしまった感があります。ですが、本来マネージ（manage）は「管理する」という解釈より、「経営する」「やりくりする」という意味合いが強いのです。

マネジメントという言葉がビジネスマンや経営者に広まったのは、アメリカの経営学者ピーター・ドラッカーの著作『マネジメント』（1973）による影響が大きいでしょう。

ドラッカーは、マネジメントについてこのように定義しています。

「マネジメント＝組織に成果を上げさせるための道具、機能、機関」

そう、マネジメントの目的は「管理」ではなく、「組織に成果を上げさせる」ことにあるのです。

もしあなたがマネジメントを「管理すること」だと思っているなら、これからの管理職人生は、絶望的に苦しくつまらないものになるでしょう。なぜなら、管理されるより、自らの裁量で仕事ができることを望む人が多いからです。そんな現代で、管理しようと努めることは、多くの部下から反発や反感を買いかねません。

あなたは管理されたいですか？


もし、言われなければやらない、また言われたことしかできないような指示待ち社員を抱えていたら、彼らは、奴隷的なマインドに染まっていると言えるでしょう。部下を奴隷にしたいですか？　まともな管理職なら、そんなことは考えないはずです。

そもそも、人が働く動機というのは、上司の指示ではありません。本人の内なるもの（情熱、使命感、やりがい）から来るものなのです。

この本でお伝えしたいことは、管理職に求められる、部下の育成や、チーム作り、上司との連携などにおける技術的なスキル・テクニックだけではありません。管理職としての視座・視点、物の考え方、捉え方、つまりは〝あり方〟の部分です。

価値観が違いすぎる部下、無理を強いる上司、進捗が鈍いチームにどう働きかけて推し進めるか。管理職であるあなたは、どのような役割を担い、どこまでを果たすべき責任と捉え、どれくらいの成果を目指すべきなのかなど。今さら聞けない管理職としての心得、考え方、捉え方など、基本の〝キ〟を伝えています。人材育成、上司対応、チームビルディング、マネジメント、渉外（社外の付き合い）、内政（社内の人間関係）、自身の考え方……などなど、アラカルト的に取り上げた構成になっていますので、どの章から読み進めることも可能です。これからの時代をサバイブするための普遍的かつ本質的な思考を学び、自らの考え、意見、判断に自信を付けていきましょう！

アテンドを務めるのは私、ビジネススキルを学ぶスクールを経営している村本麗子です。私のスクールに通う受講生は20代～70代、男女比は半々で、老若男女あらゆる層をカバーしています。業種や職種も幅広く、金融、建設、メーカー、士業、自治体、医療、福祉、農業、食品、ＩＴほか。さらに経営者、新人、管理職など、ほぼ全ての階級のビジネスパーソンが対象です。

年間３００回を超えるセミナー・講義・研修に登壇するなかで、確信したことがあります。小手先のスキル・テクニックでは、やがて限界がくる。全ての起点は、あり方（マインド）にある。あり方が自分を変え、自分と関わる人を変え、全てを変える。その瞬間を見続けてきたからこそ伝えられる、変わるための「コーチフル」な思考。そこに出会うきっかけを作りたい――。その思いを実現すべくペンを取りました。

コーチフル（coachful）は「coach + full」で私造った造語です。

例えば　英語の「beauty」は「美」と訳されます。「美」の形容「美しい」「綺麗な」は英語では「beautiful」です。「beauty + full」（～で満ち溢れた）で「beautiful」になります。「beautiful な人」とは、美で満ち溢れた人、とイメージできます。

「coach」には名詞と動詞がありますが、「coach（名詞：コーチ）+ full（～で満ち溢れた）」です。この定義でいくと「coachful な人」はコーチマインドで満ち溢れた人となります。

私が講義の中でいう「コーチフル」は、まさに、コーチのようなマインドに溢れた人の形容として使っています。

人のマインドを変える手法として、コーチングがあり、私はそれをする側のコーチとして、多くのことを学び実践してきました。その経験から感じたことは、コーチにとってスキルや知識は確かに重要ですが、最も重要なのは、それを使う側の「あり方」、つまりマインドにある、ということです。

どんな道具（ツール）も、使う人のマインド次第で表裏な結果をまねきます。だからこそ、スキルに頼るのではなく、管理職はあり方（コーチフルなマインド）が必要なのです。日本人のメンタリティーや働き方を考えると、管理職がコーチであることは、必然の帰結になるのではないでしょうか。

この「あり方」をベースに、いかようにも応用し、一人でも多くの方が自身の管理職哲学を確立し、「ワーク（働く）をワクワクに」されることを願っています。

軍隊的な上意下達の指示系統や、
「報連相」を強要するロールモデルが
通用しなくなってくる

目次

第2章「チームビルディング」

第3章「マネジメント」

第6章 「お金」

第7章 「考え方・キャリアアップ」

第1章

「人材育成」

1. 管理職の1番の役割って？

管理職のみなさんに質問です。

「管理職の〝1番の役割〟をあげるとしたら何でしょうか？」

この問いは、企業研修やスクールの講義などで、実際に私が、現職のビジネスパーソンへ投げかけている言葉です。よく出る回答には、次のようなものがあります。


「部下を育成することだと思います！」

「進捗を管理することではないでしょうか……」

「目標を明確にすること？」

「やる気にさせることです！」

「問題を解決することかなぁ」

どれも管理職としての大切な役割ではありますが、〝1番〟となると迷います。多くの方は、頭のなかに羅列した回答から、最も重要だと思う一つを選ぶ方法で答えを出されているようです。

しかし、そうやって一つに絞り込んだその答えは、果たして本当に「1番の役割」といえるのでしょうか。

私が考える「解」を言うのは簡単です。ですが、それではいつまでたっても「答えをもらう側の人」で考える力が育ちません。正解かどうかは別にして、まずは一度、自分のアタマで考える。自ら問いを立て、熟考し、考えるというクセを身に付ける。受講生に、考える力をつけてもらう。そのためスクールでは「解」は極力言わず、そこからさらに「なぜ？」「何のために？」と深掘りする質問をしていきます。

・なぜ（何のために）、部下を育成する必要があるのでしょうか？
・なぜ（何のために）、目標を明確にする必要があるのでしょうか？
・なぜ（何のために）、ヤル気にさせる必要があるのでしょうか？

また、質問した先の展開をイメージします。

・部下を育成すると　↓　部下の仕事の幅が広がる。
部下の仕事の幅が広がるので　↓　自分の仕事も任せられる。
・目標を明確にすると　↓　するべきことが見えてくる。
するべきことが見えているので　↓　指示がいらなくなる。
・ヤル気にさせることで　↓　自ら能動的な行動をとる。
自ら能動的な行動をとるので　↓　仕事がオートマチックに進捗する。

その先を展望した問いを重ねることで、「何のために」が見えてくるのです。
こうして問いを繰り返していくと、管理職の1番の役割、それは「自分がいなくても回るチームを作ること」に行き着くのではないのでしょうか。

管理職があれこれ指示を出さなければ回らない組織ではなく、自分がいなくても、社員自ら考え行動する「自走可能なチーム」をつくる。マニュアルワーカー（単純作業労働者）からナレッジワーカー（知識労働者）へ社員のマインドを変えていく。

全ては、自分がいなくても回るチームを作るためです。そのために管理職は、部下にやり方を教えたり、スキルを磨いたり、目指すべき方向・目標を明確にしたり、メンタルのフォローをしたり、各部署と調整したりしているのです。

同様に、自分が居なくても回るチームを作るため、管理職はリーダーシップを発揮したり、コーチングで相手のマインドを変えたり、コミュニケーションスキルを高めたり、ときにはカウンセリング的なアプローチをしてみたりするのです。

その点に対しての理解や認識が浅いと、管理することに徹してしまい「管理職の役割＝管理すること」という単線的な思考のままで終わってしまいます。

常に「何のため？」という問題意識を持ち、自らの思考フィルターを通し、管理職の「あり方」というマインドを研ぎ澄ませていきましょう！

!

管理職の1番の役割は「自分がいなくても回るチームをつくること」

2. 部下とラポールを築く

「部下が言うことを聞きません」「部下に注意ができません（注意して、辞められたら困る）」「部下にナメられたくありません」などなど……。部下とのコミュニケーションで悩む管理職は少なくありません。

上司と部下に限らず、社会生活はコミュニケーションで成り立っています。良好なコミュニケーションができない人は、何をするにも「1＋1＝2」という足し算の結果しか得られません。「1×2＝2、2×2＝4、4×2＝8……」と、チーム内でかけ算のような相乗効果を生みたいのなら、重要なのは「ラポール」です。

ラポール（rapport）とは、心理学用語で、主として二人の人間のあいだにある相互信頼の関係、またその心的状態を意味しています。便宜上わかりやすく言うと、信頼関係、心のつながり、となるでしょうか。自分と相手の両者間で良好な関係が成立するのは、ラポールが築けていることが大前提です。

さらに、チームという複数のメンバー間であれば、「心理的安全性」が保たれている状態が前提になります。

心理的安全性とは、メンバーがそのチームに対して、「気兼ねなく発言できる」「本来の自分を安心してさらけ出せる」と感じられるような、場の状態や雰囲気をいう言葉です。何を言っても否定されない、バカにされない、頭が悪いと思われない、全てを受け止めてくれる……。こうした安心感がチームに存在する状態です。

ラポールや心理的安全性は、人間同士の良好な関係性の根幹を担っています。ラポールや心理的安全性といった基盤がぐらついていれば、その上にどんなコミュニケーションを積み重ねてもすぐに崩れてしまいます。

部下が言うことを聞かないのは、指示の出し方が悪いのではありません。

部下が本音を言ってくれないのは、質問の仕方が悪いのでもありません。

部下とのコミュニケーションが計れないのは、口下手や世代間ギャップのせいでもありません。（それらが原因なら、課題はもう見えていますよね）

そうです。一番の原因は、ラポールが築けていないこと！　心理的安全性を確保していないこと！　にあったのです。相手との信頼関係、心のつながり、安心感といったベースがあって、はじめて部下への指示や注意が受け止められるのです。

尊敬もしていない、信頼も寄せていない、そんな上司の話を誰が聞くでしょうか。

仮に指示をしたところで、面従腹背で全く相手に響いていません。部下は内心、「やれやれ、また言ってるよ～。参っちゃうよな」と思っているかもしれません。

わかりやすい指示の出し方や質問の仕方などといったスキルやテクニックを磨くことも大事ですが、まずは人間関係の基盤であるラポールを築くことに注力しましょう。全てはそこから始まるのです。

部下と「ラポール」を築こう

3. モチベーションが上がらない理由

モチベーションが上がらない。モチベーションが続かない。またはモチベーションが上がったり下がったりして安定しない。時にはモチベーションをなくしてしまう。こうした現象が起こるのはなぜでしょう？

やっている仕事の内容に魅力を感じないからでしょうか？　マンネリ化して達成感がないからでしょうか？　報酬と内容が見合っていないから？　体調が良くないから？　どれも、理由の〝要因〟にはなるかもしれません。ですがせいぜい、部分一致といったところでしょう。

モチベーションが上がらない理由、実はとっても単純です。ズバリそれは「やりたくない仕事」だからです！

シンプル過ぎて、驚かれたかもしれませんが、「やりたくない」が原因です。

やりたくない仕事、嫌な仕事を、無理にさせられているわけですから、それでは自発的なエネルギーは生まれません。

人間は、気乗りしない仕事をさせられたり、「～せねばならない（have to）」ことを強いられると、脳が回避しようとするのです。こうした脳の働きを創造的回避（クリエイティブアボイダンス）と呼びます。やらなくていい理由、しなくてもすむ言い訳を、脳がクリエイティブに考えだしてくれるのです。

脳は、良くも悪くも、どちらにも創造性を発揮します。部下の言い訳が減らないのはそのためなのです。

もし部下が、その仕事が大好きで、休みの日さえも仕事をしたくてたまらなく思っているならどうでしょうか。

部下は上司に言われずとも、自ら進んで仕事をし続けることでしょう。それこそ、残業という概念も吹っ飛ぶくらい寝食も忘れて……。

そもそも「モチベーション」とは、「motive（動機、理由、目的）」と、「action（行動、活動、働き）」が合わさってできた造語です。その語源のごとく、何かをする理由や目的が、人間の行動を決定しています。

では、人間が行動する理由や目的は、誰かから植えつけてもらうものでしょうか。外部から加圧されて起こるものなのでしょうか。誰かから、また外部からの働きかけによる動機（強制的動機）で行動しているのであれば、その代償は必ず発生します。ストレスという目に見えない形で少しずつ溜まり続け、あるとき決壊し、仕事を辞めてしまう。報酬アップや好条件を提示しても、近い将来、同じ結果になるでしょう。外部から強制された動機では、どうしても歪みが生じるのです。

本来、モチベーションとは外からコントロールされるものではなく、内から発するエネルギーです。その理由や目的は、自分の中から生まれるべきものです。

いくら周囲が、その人のモチベーションを上げようと試みても、そもそも内から火が起きない限り、一時的に引っ張っても、振り子のように揺り戻しが起こります。

早い話、「無理に引っ張ってもダメですよ！」ということです。

一方、それまで自発的に頑張ってきた人なのに、モチベーションが下がってしまうケースもあります。これは「ゴールが近づいた」「到達ポイントが見えてきた」という兆候かもしれません。モチベーションを両手で引っ張った輪ゴムに例えるなら、強く両端に引っ張ると、輪ゴムの伸長に比例してエネルギーが増加します。逆に引っ張る力を緩めると、輪ゴムは緩みますのでエネルギーが減少します。

ゴールが近づくことでこの引っ張る力が緩んでしまうと、エネルギー（モチベーション）が低い状態になってしまいます。そんなとき、エネルギー（モチベーション）を高めるにはどうすればいいでしょうか？

答えは簡単です。ゴールを再設定していきましょう！　遠くに到達ポイントを置けば、輪ゴムを引っ張る力になり、張りが蘇ります。より遠くに置けば、その分、エネルギーも増大するのです。

!

モチベーションが上がらないのは、
「やりたくない仕事」だから。
仕事の意味付けを考えよう！

4. どうやって「意味づけ」するか

仕事の意味づけを考えよう！　でも、どうやって？

——そう、お思いの方もいらっしゃるでしょう。仕事の目的や意味づけをどうするかは、前項のモチベーションとの深い相関があります。

有名な寓話があります。石工の話、またはレンガ職人の話として、聞いたことがある人も多いでしょう。

ある街で旅人が3人の石工と出会いました。

その旅人は3人の石工に同じことを尋ねたのです。

「ここでいったい何をしているのですか？」

3人の石工はそれぞれこう答えました。

石工A「何って、見ればわかるだろう。石を積んでいるんだよ。朝から晩まで石を積まなきゃ、飯が食えないだろ！」
石工B「建物を作っているんだよ。上手に石を積まないと、建物が曲がってしまうから大変なんだ！」
石工C「よくぞ聞いてくれた。私は今、世界に誇る大聖堂を作っているんですよ。この大聖堂ができたら、世界中から多くの人々がお祈りをしにくるだろう。完成したら見に来てくださいね！」

さあ、この3人の石工、誰が一番ワクワクして働いているように感じましたか？
ほとんどの方は、石工Cを選ぶでしょう。3人の石工が従事している「石を積む」という仕事は同じです。ですが、それぞれ仕事にどんな意味づけをしているかの違いによって、働く際の「ワクワク」にこれだけの差がでるのです。

この寓話は汎用性があるので、どんな仕事にでも応用がききます。
3人のラーメン店主に聞きました。「あなたの仕事は何ですか？」
店主A「オレの仕事？　朝から晩まで麺を茹でて、スープに入れて出すことだよ」

店主B「僕の仕事は、ラーメンを作ることだよ」
店主C「私の仕事は、感動するラーメンを提供することだよ」

3人の課長にも聞きました。「あなたの仕事は何ですか？」
課長A「オレの仕事？　部下を管理することだよ」
課長B「僕の仕事は、部下に仕事を教えて一人前にすることだよ」
課長C「私の仕事は、部下の〝働く〟を〝ワクワク〟にすることだよ！」

いかがでしょうか？　仕事に意味を持たせることの大切さがわかっていただけたかと思います。
どういう意味づけをするかによって、「作業」から「仕事」に変わるのです。

!

仕事に意味づけを。あなたの「仕事」は何ですか？

5．面談は「承認」から入る

私のスクールに通う受講生は、管理職（中間管理職含む）の方がもっとも多く、次いで多いのは経営陣や経営者の方々です。

そんな受講生の皆さまが共通して抱える悩みに、面談時における部下の消極的な姿勢があります。

面談のスタートは、上司から切り出すことが多いでしょう。

上司「今日の面談のテーマですが、何か考えていますか？」

部下「テーマは、そうですね……。特には、決めてないんですけど……」

上司「何か話したいことはどうでしょう？」

部下「今のところ、特に話したいことは……」

何のための面談か、よくわからないシーンですね。形式上とりあえずやっている、という無意味なやりとりにも見えてしまいます。

定期的に上司と部下が一対一で話し合う「1on1ミーティング」を取り入れている組織で、このような「会話が弾まない面談」に悩まされている上司も少なくありません。

そもそも、面談の目的は何でしょうか？　人事考課や、処遇、状況確認、問題認識、解決プラン、ゴール設定、動機づけ、モチベーションを高めるなど、期待される効果はたくさんあります。しっかりと機能させれば面談にも非常に効果があるはずなのです。

だからこそ、時間を無駄にすることなく、組織に有効なフィードバックがもたらされる機会になるように、「1on1」を取り入れていきたいところです。

さて、面談時のコミュニケーションを分解していくと、「質問」「傾聴」「承認」という3つの要素に分けられます。

上司「最近、調子はどうですか？　忙しいですか？」（質問）

部下「月末近くて、バタバタなんですよ。それに、入札案件の対応があって……」

このように相手が質問に答えているあいだ、こちらは相手の話を「傾聴」することに努めます。ただ「聞く」のではなく「傾聴する」のがポイントです。耳を傾けて熱心に「聴く」。相手を深いレベルで理解しようと試み、気持ちを汲み取り、共感する。

さらに「相手はどういう思いでその言葉を使っているのか?」と洞察力を駆使して考える。「観察」ではなく「洞察」です。目に見えるもの(観察)はもちろん、目に見えない本質までをも見抜く力(洞察)を発揮した傾聴です。また、ゆっくりと頷くなどの非言語の動作も伴います。

そして、「承認」です。先ほどの「バタバタなんですよ~」という部下の返答に、上司が答えるとしたら、こんな感じでしょうか。

上司「それは大変ですねぇ。多くのことをこなしていて、素晴らしいですね」(承認)

「承認」を入れたらまた「質問」。次に、相手の話を「傾聴」し「承認」。このサイクルです。コミュニケーションとは「質問」「傾聴」「承認」の繰り返しなのです。

では、同じサイクルでも、良好なコミュニケーションが図れる人と、上手くいかない人がいるのは、なぜでしょうか。

その違いは、スタートにあります。

「質問」から始めるのか、「承認」から始めるのか、の違いです。

多くの人は、「質問」からスタートします。

本項目で最初の例に挙げた上司も「今日のテーマは何ですか?」「何か話したいことはありますか?」と聞いています。質問から始めているのです。

部下との面談では逆に、「承認」からスタートすることが重要です。

「ここ最近、後輩への声かけが、かなり増えてきているみたいだね。とても助かっているよ!　いつもありがとう」

などでしょうか。こうした一言を最初にかけてあげるだけでも、部下の緊張はやわらぐはずです。

承認とは、認めること、受け止めることです。そこには部下の承認欲求を満たす行為も含まれるでしょう。相手は、ただでさえ緊張しているのです。その緊張をやわらげるためにも「承認」からスタートさせることが大切です。

人は、自分の行為を認められたり、「役に立っている」との実感が得られたりすると、嬉しいものです。自分のことを見てくれて、理解してくれている人には、「本音を言っても大丈夫かな」と心を開きたくなるものです。

部下の本音を引き出せない、何を聞いていいかわからない、「話したいことが何もない」と言われる……。そんな部下との面談では、まず「承認」から入るように心がけましょう。繰り返します。まずは「承認」です。「承認」からスタートなのです。

面談は「質問」からではなく「承認」からスタートする

6. ピンチはチャンスじゃない！変革ツールだ！

「ピンチはチャンス！」

この言葉、あちこちで耳にタコができるほど聞きますよね。

人生では、ありがたいことに、ピンチと思われる境遇やシチュエーションに見舞われることがたびたびあります。

そんな「ピンチ」と「チャンス」の関係性について考えてみましょう。

まずは、今までにピンチはチャンス！　と感じたエピソードを思い出してください。

思い出しましたか？

そこに、切り口を変えながら、質問を３つ重ねてみます。

①あなたに訪れた「ピンチ」は、本当に「チャンス」でしたか?
②あなたに訪れたピンチは、具体的にどのような点が「チャンス」だったのですか?
③ピンチに直面している時点では、まだ「ピンチ」です。
それが「チャンス」に変わったのは、なぜですか?


この問いを通じて考えていただきたい点は、大きく2つあります。

第一に、「ピンチはなぜ起こったか」です。

目の前にある現状(ピンチ)は、今までのやり方、価値基準の物差し、価値観などによって引き起こされています。裏を返せば、ピンチな状況を引き起こしている根本は、従来までのやり方が通用しなくなっているという証拠でもあります。

自分のやり方が通用しないとわかったのであれば、一度、自分の思考、ものの考え方や捉え方、そこにある偏りを認識し、整理する必要があるのです。これまでの常識を疑ってみたり、違った視点でとらえてみる。さらに、いろいろな角度から多角的に考察する。

こうしたプロセスを経ることで、今まで自分が認識していた世界の中にある「盲点」に気づき、見えていなかった部分が見えてきます。「スコトマ（心理的盲点）」が外れることによって、あなたの認識が変わるわけです。

私もそのことを痛感した経験があります。

100名規模のセミナーを開催していたときのこと。

「価値あるセミナー」「ノウハウが得られるセミナー」などの謳い文句で宣伝していましたが、全く集客が伸びません。

「ヤバイ、これ、かなりヤバイかも！」

かなりピンチな状況をつくってしまいました。私には開催する責任があるので、「何とかせねば！」と焦りながらも、「今回のピンチはなぜ起こったのか？」とあれやこれや自問自答しました。

今までは、「価値がある・ノウハウが得られる＝人が来る」、という方程式が通用していました。ところが、それではお客さんが集まらない。つまり既存のやり方が通用しなくなったのです。

そこで、捉え方を変えました。

「スキルを身に着ける」路線から、「なんだかよくわからないけど、楽しそう！」路線へとシフトしたのです。路線を変えるには勇気がいりましたが、その結果、集客がうまくいくようになり、満席のセミナーとなったのです。

今までのやり方、物差し、価値観、そしてサービスの提供側からしか見ていなかった視点を変えることで得られた結果でした。


第二に、「そのピンチから学べ！」ということです。

ピンチの中にある「チャンス」に気づけるどうかで、自分の中にある価値基準の物差しに、新たな目盛りが刻まれます。それにより、これまでは測れなかった細かなもの、あるいは、より大きいものが測れるように変わるのです。

ピンチは、自分の経験値を上げる絶好の機会でもあります。その経験から、今までにない新たな知識やスキルが蓄積され、その場数や、経験値の高さが未知なものへの対応力へと繋がります。ピンチにより、必然的に自己アップデートがなされるわけですから、言うならば絶好の変革ツールのようなものなのです！


今までのやり方を変えるサインが、あなたにとってベストなタイミングでやって来る。

それが「ピンチ」なのです。

ピンチはチャンスではない。
ピンチは、変革ツールだ！

7. ジャッジしない――ニュートラルな見方

価値観の違いがなくなることはありません。自分が良いと思っていることや、当たり前に感じることは、他人も同じように感じるとは限りません。10人いたら10通りの「普通」や「常識」があるのです。「普通はそうでしょう」と言った時点で、自分の価値基準に沿ってジャッジ（判断）しているということを、忘れてはいけないのです。

例を挙げてみましょう。

「仕事なのだから、相手に失礼のないよう、きちんとした格好で出社しなさい」という指示があったとします。指示をした年配の上司は、「黒や紺系のスーツに、白いワイシャツとネクタイ」といった服装をイメージしていました。しかしそれを聞いた二十代の若手は、自分なりにきちんとした格好をイメージした結果、ジャケットとチノパンといった服装で出社するかもしれません。

現に、最もお堅い職種といわれていた銀行員の世界ですら変化が起きています。例えば三井住友銀行では、本店勤務の行員のドレスコードを撤廃し、Tシャツや短パン姿で出社する銀行員の姿が見られるようになりました。

「普通」や「常識」は時代とともに変化しますし、個人の価値基準によっても異なるのです。

大切なことなので、もう一度記します。

価値観の違いがなくなることはありません。あなたが「普通」と感じている、当たり前と思っている常識は、他人と部分的に一致することはあるにしろ、全てが一致することはあり得ないのです。

逆に、他人と意見や価値観が全て同じであるなら、(面従腹背でなければ)チームにイエスマンしかいない状態であり、それ自体、やや異常とも言えるでしょう。

「そもそも部下とは価値観が違う」という前提でスタートする必要があり、そこに自分の基準で良いか悪いかのジャッジをする意味はありません。

とるべきスタンスは、自分の価値基準にとらわれることなく、ニュートラルな状態で物事を見てみることです。中立な立場と中庸な精神を保つことが肝要です。

脳は必ず認知のバイアスが働きます。バイアスは自分にも他人にも、誰にでもあるのです。意識してもしなくても、既にバイアスがかかっているので、同じものを見ていたとしても、自分と他人とでは同じものを見ることはできません。人間は、自分が見たいようにしか物事を見ることができないのです。

もし、他人がどのようにものを見ているかを知りたければ、相手がどのように物事を捉えているのかという思考回路や認知のプロセスを想像し、おもんばかる必要があるでしょう。

例えば、業務の進め方で部下と意見が分かれたとします。

上司「営業なのだから、相手に断られても、返事をもらえるまで毎日でも足を運ぶんだ！」

部下「でも、営業部の人員も限られていますし、それでは効率が悪いと思います。インターネット広告を使い、反響があった顧客に対して、まずはテレビ電話やＷＥ

B会議のシステムを使ってアプローチする。いよいよクロージングの見込みが出てきた段階で、面会に行くほうが、お互いにコスト削減になるのでは?」
上司「それでは先方と心を通わせることができないよ! 俺が若いころはそうやって成果を上げてきたんだ!」
部下「……わかりました」

部下は、自分のやり方が正しいことを強調してきますし、もしそれが、受け入れてもらえないとなれば、なぜ理解されないのかと、不満が残るでしょう。

ここで、良いか悪いかを決めてしまうのがジャッジです。自分の価値基準だけで判断するのでは、相手は納得しないでしょう。

良いか悪いかはいったん横に置き、「へ〜、そうなんだ」「そんな考え方もあるんだな」と、いったん受け入れてみる。それが、ニュートラルな状態と言えるでしょう。

この例でいえば、部下から「テレビ電話やWEB会議のシステムを使ってアプローチする〜」という新しい提案が出たところで、上司はいったん自分の意見をわきに置き、「それはどんなシステムなのか?」「他社で同じようなシステムを導入したところはどんな成果があったか調べてみよう」など、相手の意見を一度は受け入れたうえで、自分の意見と比較し、それぞれのメリット・デメリットを検討すべきでしょう。

自分にも、バイアスがあることを知った上で、ニュートラルに見てみる。ジャッジを入れずに、相手の全てをなめらかに受け入れてみる。その「しなやかさ」を含んだ姿勢がニュートラルポジションなのです。

ニュートラルポジションをキープする！

8. モンスター部下の対処法

従来の日本企業では、ストレスの根源とされてきたのは職場の上司でした。ところが今は、上司に限らず部下からの「逆パワハラ」も増えています。

2014年12月、静岡市職員の男性（50代）が職場で自殺すると言う悲しいニュースがありました。

新聞記事によると、男性は同年4月の異動で6人の部下を持ち、部下から業務の指示を巡り「いいかげんにしろ」「うそを言わないでください」などと強い口調で叱責されていたと複数の職場関係者が証言しているそうです。

約8カ月にわたって部下から度重なる叱責を受けたことなどが原因だったとして、地方公務員災害補償基金静岡市支部は自殺を公務災害に認定したのです。

上司からのパワハラが今や、部下からの逆パワハラもあり、ストレスの対象は全方位に存在します。

それが度を超して、「行っている業務の内容、認識、主張が常軌を逸している社員」「自己主張が激しく、自己中心的な考え方を押し通す社員」のことを、「モンスター社員」と呼びます。

上司からのアドバイスを「上から目線」と非難する。「自分がしたことを評価してもらえてない」とスネる。このように、本人が「モンスター社員」であることに無自覚であるケースもあります。感情がコントロールできていないのです。

注意を受けると、すぐに「パワハラ！」と攻撃し返し、自分の姿勢を反省しないのも、モンスター社員によくある行動です。


では、部下にモンスター社員がいたらどうするか？　モンスター部下たちにどう対処していくのか？　考えてみましょう。

まず、「モンスター」と言うラベリングから変えましょう。相手を「こういう人間だ」とラベルを貼ることで、脳はそう認識して相手に接します。すると、その認識が相手にも伝わってしまい、ラベルが更に強化されることとなります。

これを心理学では「ピグマリオン効果」と呼びます。他者から期待されることによって、期待通りの成果が表れる現象のことです。

サンフランシスコの小学校で教師を対象にある実験を行いました。「これから成績が伸びる生徒のリスト」(実際は無作為に選んだリストなので、成績が伸びるかどうかは不明)を教師に見せ、その後、成績が伸びていくかどうかを調査しました。すると、教師の勝手な思い込みによる期待が、そのリストの生徒たちに影響を与え、ランダムに選んだリストでありながら、リストの生徒たちの成績が伸びたのです。


この実験の意味するところは、部下を「モンスター」だとラベリングをし、そう認識することで、相手にマイナスの影響を与える可能性があるということです。(ちなみに、マイナスに働く場合は「ゴーレム効果」と呼びます)

まずは、モンスター部下を別の言葉で言い換えてみましょう。例えば、「ノット・ノーマル社員」などはどうですか?

次に、「モンスターはなぜモンスターなのか」について、理解を示すことです。

世代によって社会環境や教育方針、生きてきた時代が違うので、分かり合えるというのは幻想です。しかし、「よくわからない」というだけでモンスター扱いするのではなく、新たな価値観や生き方をする人種として理解しようとする。

これは、今までのマネジメントスタイルにはなかったアプローチです。かつて教育現場で騒がれた「学級崩壊」が、そのまま会社の部署に移行してきたような状況ともいえます。

教育現場では、従来の教師から生徒への一方的な授業ではなく、インタラクティブ（双方向型）の授業スタイルに、またファシリテート（発言や参加を促したり、議論を整理すること）を重視する学級運営へとシフトして行きました。同様に会社組織にも、新たなマネジメントスタイルが必要という時期でしょう。

モンスター部下への処方箋
「（とりあえずは）部下がワーキャー騒いでもあまり構いすぎない」

第2章

「チーム
ビルディング」

1・ゴール設定は〝超〟重要

どんなチームにも「ゴール」が必要です。ゴールとは、メンバーで共有する「目指すもの」です。スポーツ系のチームなら、「全国大会で優勝するぞ！」になるかもしれませんし、文化系のチームなら、「この作品を作り上げるぞ！」といったことになるでしょうか。

仮に、「全国大会で優勝するぞ！」というゴールが共有できていないと、どうなるでしょうか。

メンバーは好き勝手なトレーニングをして、バラバラな方向へ進んでしまうでしょう。ある人は全国優勝を目指し、毎日欠かさずハードな練習に取り組む。別の人は趣味程度の感覚で、軽めのトレーニングで終わる。

こうしたチームが、本番の試合で勝てるはずもありません。メンバー一人ひとりが見ている先、目指す方向が違うと、もはやチームとは呼べない集団になってしまいます。

会社も同じです。このチームは何を目指すのか？　どの山を登るのか？　その目標が設定されていなければ、メンバーそれぞれの認識が異なるので、チームとして機能しません。まず登る山を決める。そこから全てが始まります。

スクールではこんな例で伝えています。

上司が言います。

「明日、山に登ります。各自、準備して来るように」

すると部下は、各々が思うところの準備をして集まります。「各々の準備」でやってくるので、準備にバラつきが出るのです。

ある社員は、日帰り登山のスタイルで、Tシャツと短パンの超軽装で現れ、もちろん非常食など持っていません。また別の社員は、どれほどの高山にアタックしようとしているのか、防寒防水にトレッキングポールも備えたフル装備で来ます。

この準備の差はなぜ起きたのでしょうか？　言い換えれば、このチームの問題点は何ですか？

もうお気づきかと思いますが、ゴールの共有に問題があります。

「我々は、どんな山に登るのか」というゴールが共有できていないのです。

一言で「山」といっても、様々な山があります。高尾山のように初心者レベルがトライする山なのか、富士山のように中級者レベルの山なのか、それとも上級者が命をかけて登頂を目指す世界最高峰のエベレストなのか。

「我々はどんな山に登るのか」が共有できていないがために、各々が勝手に登る山のレベルを想定し、そのイメージ通りの準備をしてきてしまったのです。

このようなことは会社組織でも起こります。ゴールが共有できていないと、下準備がバラバラで、情報収集、リサーチの幅や段取り、後のスケジュールまでも狂わせかねません。


まずは、ゴールを決めましょう。そしてゴールを共有するのです。

ゴールを設定するメリットは3つあります。

「エネルギー」「創造性」「気づき」です。


第一に、ゴールを設定すると「エネルギー」が生まれます。

ゴールと現状には差分がありますので、そのギャップを埋め合わせようとするときにエネルギーが出るのです。エネルギーは差分に相関しますので、その差の開きが大きければその分のエネルギーが、小さければそれだけの分のエネルギーになります。

100メートル走でゴールテープに近づくと、選手がつい減速してしまうのは、そうした性質の表れです。

第二に、ゴールを設定すると「創造性」が発揮されます。

脳がクリエイティブに働き始めるのです。「このゴールは、どうやったら達成できるだろうか？」「どうしたら上手くいくだろうか？」と考え始めるわけです。

仮に、宝くじが当たって換金期限が2日後だったら、いくら予定が詰まっていても換金に行くはずです。海外に居たとしても、何とかして帰ろうとするでしょう。日本への直行便が満席なら、どこかを経由して帰れないか？　あるいは航路はどうか？　使えるツテを全て使いどうにかしてプライベートジェットを押さえられないか？　など、クリエイティブに帰る方法を考えるでしょう。ゴール設定はきわめて大事ですよね。

第三に、ゴールを設定すると「気づき」が生まれます。

今まで見えていなかったものが見えてきたり、新たな視界が広がってくるのです。また、今まで重要だと感じていた優先度が入れ替わることで、ゴールに必要な情報に気づき始めるのです。引っ越ししようと思ったら、街を歩いていても、空き物件や物件情報が自然と目に止まる、そんな経験は誰しもあるでしょう。

チームであれば、メンバーにエネルギーが生まれ、仕事上のゴールをどうやったら達成できるかを考えるなかで創造性が発揮され、新たな気づきによって今までと違う視野が広がっていく。

ゴール設定が超重要であることをご理解いただけたかと思います。

まず登る山を決める！　ゴールを設定しよう！

2. 登山ルートは1つじゃない！

登る山を決めたら、次に考えるべきは「どのルートで登るのか？」です。たとえば富士山には5つの登山ルートがあるそうです。それぞれ斜面の勾配や距離が異なり、難易度にも差があります。登山者の熟練度によってコース選びや所要時間が変わってきます。

下の図を見てください。

登頂までA・B・Cの3ルートが記されてあります。

Aのルートは、比較的勾配が少なく誰でも登れるルートです。時間はかかりますが安全

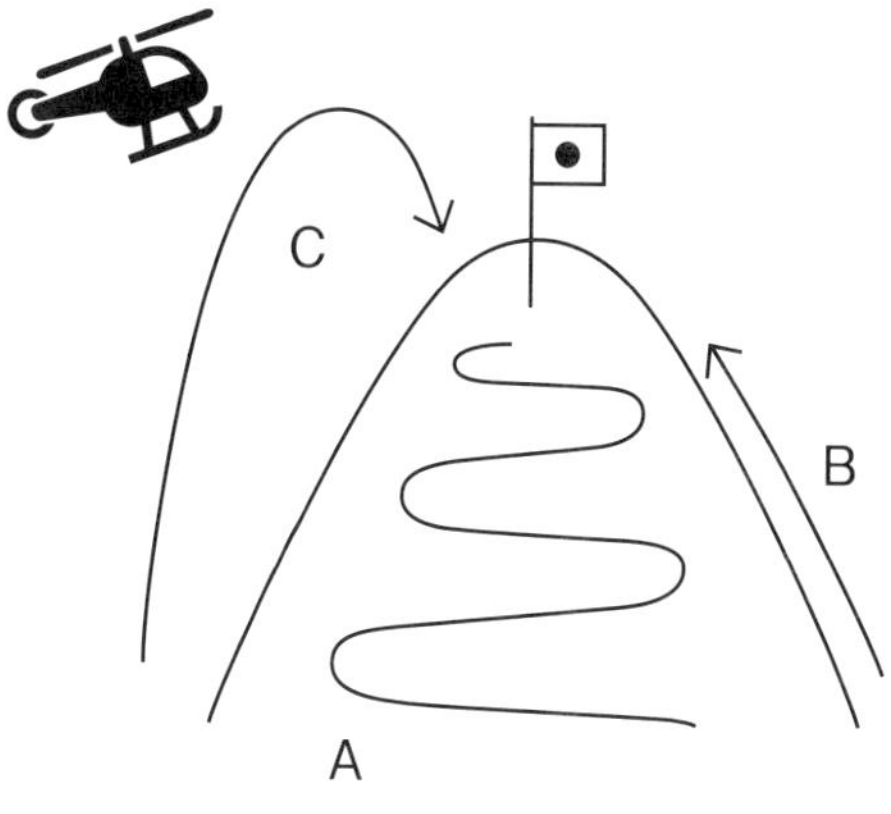

で、誰一人欠けることなくゆっくり進む。チームに置き換えると、新人を複数抱えているなど、未熟なメンバーの能力にも合わせたルート選びといえるでしょう。

Bは、かなり急勾配なルートです。うまく登れれば時間はAほどかかりませんが、一方で滑落の危険が伴います。新人には不向きで熟練したメンバー向けのルートといえるでしょう。

Cは、まさにデジタルネイティブが発案するような、いわば常識外のルートです。物心ついたころから携帯、パソコン、インターネットがある環境で育ってきた彼らは、既存の価値観や常識にとらわれない、全く違う発想をします。登頂だけを考えるのであれば、わざわざ人間の足で一歩ずつ登る必要はありません。「ヘリで山頂へドーンと一気に行っちゃいましょう！」などという発案をして、チームの空気を一変させることでしょう。

メンバーの個性や世代が多様であれば、登山に最適なルートもバラバラですし、所要時間も異なります。登頂にかかる時間が、Aルートは1カ月、Bは2週間、Cは1日だとすれば、着手の時期や進捗状況も違ってくるのは当然です。上司は今までのルートであるAをイメージしていても、中堅はB、新人はCを想定していたとすれば、ルートの共有ができていません。すると何が起こるのでしょうか。

上司は完遂までに1カ月かかると信じていますから、新人が1カ月を切っても着手しなければ「まだやってないのか！」「本当に間に合うのか？」と何度も問い詰めるでしょう。Cルートなら1日で到達するといっても「新人はいったい何を言っているのだろう……」と、理解不能になるかもしれません。人は、わからないことや理解できないことに対して、基本的に否定的になります。部下からの提案が理解できないと、とりあえず却下の方向で話が進んでしまうことでしょう。いっぽう新人は、1日で到達するCルートを想定しており、上司からの指摘を「ウザい」と感じるはずです。ルートが共有されていないと、このようにチーム内で仕事の進め方もバラバラになってしまいます。

登る山を決めたら、次はルート！　登るルートを共有しましょう。ルートを共有することで、進捗状況やスケジュールなど全て、同じ視点で見ることができるので、認識の違いによるコミュニケーションのズレや無駄なストレスをなくすことができるのです。

登山ルートは1つじゃない！　方法は無限にある！

3. 共通の価値観が必要

登る山を決め、ルートを共有しました。しかし、チームビルディングには、まだまだ大事なことがあります。

それは「共通の価値観をつくる」ことです。

組織が成り立つために必要な事柄のフレームワークに「組織の7S」があります。世界有数のコンサルティング会社「マッキンゼー・アンド・カンパニー」が提唱したと言われているものです。

ちなみに「7S」とは、①戦略（Strategy）、②組織構造（Structure）、③システム・制度（Systems）、④人材（Staff）、⑤組織風土（Style）、⑥スキル（Skills）、⑦共通の価値観（Shared Values）の頭文字を取っています。

組織は人で成り立っている以上、10人いたら10の価値観、100人いたら100の価値観が存在します。価値観の違いが存在するのは、至極当然のことですし、そこに良いも悪いもありません。

「あなたは、そのような価値観なのですね」「でも、私はこう思いますよ」

ただ、それだけのことです。

ところが、チームで何かを成し遂げたい時に、それぞれの価値観の違いを持ち出すと、一向に話が進みません。進まないどころか秩序が乱れます。チームで何かを成し遂げたいときに、違う価値観が混在すると、「こちらが良い、あちらが悪い」といった、それぞれの正義による戦いが始まってしまいます。

個人がもつ価値観の違いが存在するのは仕方ありませんが、

「それはそれとして、いったん横に置きましょう」

「チームで動くときは、チーム共通の価値観を優先しましょう」

という姿勢が必要なのです。


組織の「共通の価値観」を作る――。我々は何を「善」とするのか、その判断のよりどころとなるのが、チームの共通の価値観です。国際的な高級ホテルブランドとして名高い「ザ・リッツ・カールトン」では、ブランド共通の価値観を「クレド」(ラテン語で「信条」の意味)と呼んで大切にしています。

チームは共通の価値観で動いていきます。もし、価値観を共有できない人がいると、どうなるでしょうか？　「どちらの価値観が正しいのか」というジャッジ（判定）が始まり、不協和音と共に摩擦や衝突が起こるでしょう。

また、全く違う価値観の人間を、チームの価値観に馴染ませるには、多大な時間と労力を要することになります。人材の採用でも、チームの価値観に合う人材を選んだ方が早いです。

ザ・リッツ・カールトンでは、社員を採用する際に、「人材を選ぶ」「採用する」といった表現ではなく、「選び抜く」との言葉を用います。

「実績があるから」「人手不足だからとりあえず」などという考えは皆無です。チーム共通の価値観を軸に判断するので、そこに一切の迷いなく「選び抜く」「見つけ出す」という採用ができるのです。

たとえば、ザ・リッツ・カールトンの面接では、どれくらい思いやりの心があるかを問う意味で、こんな質問をするそうです。

「直近で、誰かに贈ったプレゼントを教えてください」

この問いは本質を突いているな、と唸らされました。

というのも、「直近で」と時期を聞いています。それが1カ月の出来事なのか、1年も前なのか、それとも数年も前の母の日のことなのか。仮に数年前と答えたならば、この間、誰にも贈り物せずにきたことになります。別に高価なプレゼントを贈れと言うわけではありません。プレゼントを贈る際、相手の趣味嗜好や、家族構成、あるいは部署の人数などを考慮しながら選びます。他者を喜ばすために思いを巡らし、そこに時間と労力をかけるわけです。その問いから「思いやり」の心を推知するのでしょう。

こうした深いレベルでの人材採用も、組織として共通の価値観が確立しているからこそ可能になるのです。

共通の価値観ができれば、目標達成も人材採用も容易になる！

4・守備範囲を広げる

チームを構成するメンバーには、それぞれ役割があります。自分の作業範囲や、責任をもって担当すべきエリアです。

この範囲は一度決まったら固定ではありません。メンバーの成長や習熟度に応じて広げていく必要があります。スクールの受講生にＩＴ業界の方がいますが、「ＩＴ業界でも『この分野しかできません』という人より、オールラウンダーなフルスタックエンジニア（複数の分野についての知識や技能に精通した技術者）が重宝される」とおっしゃっていました。

では仮に、自分の中で作業範囲を決めてしまうとどうなるのでしょうか？

バドミントンのダブルスを例に考えてみましょう。

ダブルスでは、コートの前方に陣取る「前衛」と、後方を守る「後衛」という立ち位置があります。細かい話は便宜上省きますが、自陣の前半分を前衛が、後ろ半分を後衛の守備範囲だとしましょう。さて、相手のショットで、二人のちょうど真ん中、前衛と後衛の守備範囲の境界ライン上にシャトルが飛んで来たら、どちらが拾うでしょうか？

二人がお互いに、「このショットは自分の守備範囲じゃない」と認識すれば、シャトルは境界ライン上に落下し、失点してしまいます。そして、お互いが「自分の守備範囲じゃない」と主張し、相手に責任を押し付けあうことでしょう。

チームでは、それぞれが自分の役割や担当の範囲を全うするのは当然ですが、それだけでは不十分です。メンバー各々が守備範囲を少しずつ広げることで、境界ラインがシームレスになり、うまくチームが回り始めるのです。それはあたかも、リレーでのバトンパスがスムーズに行われ、ランナー全員がスピードを落とすことなく走りきれたレースのようです。（ちなみにリレーでバトンパスが行える「テイク・オーバー・ゾーン」は30メートルもの範囲があります）

メンバーが自分の守備範囲を広げることは、「テイク・オーバー・ゾーン」のように担当範囲が重なるエリアが広がるので、チームのバトンを落とすことなく走り続けるために有効です。またメンバー個人の成長にも繋がります。その意味では、入社3年目の若手が、新入社員のときと同じ作業だけを繰り返しているようでは、チームにとっても若手本人にとっても有益とはいえません。少しずつ出来ることが増え、それに応じて役割や責任が増し、見える視野が広がっていくことが、メンバーの成長なのです。

また、仕事における守備範囲の広さは、自身のコミュニケートの広さとリンクします。ここで言うコミュニケーション力は、自分から意思や感情を発する力であり、相手から何を聞かれてもおおよそ対応ができるスキル、そして誰かに「話しかける」という行為そのもののことです。話し方が上手いとか下手とかではなく、そもそもコミュニケーションをとる相手の数や広がりが、仕事における守備範囲に直結するのです。守備範囲の広さは、人との繋がりや関係までにも波及するのです。

守備範囲の広さは、〝コミュ力〟ともリンクする

5. 対症療法と原因療法

ビジネスで何か問題が起こった際、つい対症療法に走りがちです。確かに対症療法も重要ですが、問題の根本的解決をめざす原因療法という点を忘れてはなりません。単に、いま起きている問題を解決したいだけであれば、対症療法的な処置でその場はしのげます。しかし、本質的な解決には至っていませんので、同じ問題がその後も繰り返されることになります。

こんな例があります。管理職Aさんには、入社2年目の部下Bさんがいます。ある時、部下Bさんからこんな相談を受けました。

「最近、頻繁に遅刻をしてしまい、会社で劣等感を感じ始めています。仕事もミスが増えてきています。どうしたらいいでしょうか？」

さて、上司である管理職Aさんは、どう対応していくのが望ましいのでしょうか？

まず考えるべきは、ここで問題になっている遅刻とは、「原因」なのか「結果」なのか、ということです。言い換えれば問題の所在です。

遅刻が原因だとすると、

「遅刻が原因だ。遅刻をするから劣等感を感じ、それによりミスも増えてきているのだ。遅刻をしないようにすればすべて解決できる」

となるでしょう。そして遅刻をしないようにする策を考えるでしょう。これは対処の一つかもしれませんが、根本的な解決にはなりません。つまりは対症療法です。

よく考えてみてください。はたして遅刻が原因でしょうか。遅刻さえなくせば、Bさんは自信をもって仕事ができるようになるのでしょうか？

一方、こう捉えるといかがでしょう。遅刻を「結果」と見るのです。

「遅刻は結果である。結果ということは、その前に原因がある。そうすると、遅刻するような心理、会社に行きたくない状態を生んでいる原因は何だろう？」

仮にBさんが、今の仕事が大好きで、仕事のことばかり考えてしまうほど楽しく、情熱を燃やしていたら、始業時間に遅れてくるでしょうか。それは考えにくいでしょう。

Bさんが仕事を大好きであれば、毎朝、腕をまくりながら颯爽と出社し、残業なんて概念もなくなるくらい没入しているかもしれません。

原因は、Bさんにとって仕事が楽しくないということにありそうです。更にその点を掘り下げ、「なぜ仕事が楽しくないのか？」「いつから楽しくないのか？」を考えてみましょう。

仮説① 入社当初は、仕事を覚えようとやる気に満ち溢れていた。1年経ち、ルーティンの作業多くがつまらなく感じているのではないか

仮説② 職場の環境や人間関係に何かストレスを感じるものがあるのではないか。

仮説③ 全く別のゴール（やりたいこと）が見つかり、今の仕事にやりがいを感じていないからではないか。

……など、原因となる部分が見えてきます。それを解決するのが本来の問題解決であり、原因療法によるアプローチなのです。

アトピーで苦しんでいる患者の皮膚に薬を塗っても、一時的に症状が良くなるかもしれ

ませんが、根本的な治療にはなりません。そのアトピーがどこからくるのか？　ストレス由来なのか、食べ物からくるのか、もしくは日光や動植物などの外的要因からくるのか。その原因を突き止めて、対処しない限り、薬のお世話になり続けるしかありません。

ビジネスにおいても、いま実行しようとしている解決プランが、対症療法なのか、原因療法なのかを見極めることが重要です。そして、いくら組織の構造やシステム、ルールを変えたとしても、その中にいる人間が変わらなければ、本当の解決にはなりません。

制度やシステムといった「ハード」だけを変えれば解決する、という考え方自体、典型的な時代遅れのパラダイムです。そこで働く人間の心理という「ソフト」に目を向けた、原因療法的なアプローチを忘れてはいけません。

！ 応急処置の対症療法と、恒久対策の原因療法

第3章

「マネジメント」

1.「朝イチ」を機能させる

管理職研修で、盛り上がり度トップ3に入る「朝イチ」クイズをご紹介します。一緒に考えてみてください。

上司からこんな指示が飛んできました。

「例の資料、明日の朝イチまでにお願いね」

さて翌朝、どの時点、どのタイミングで上司に資料を渡しますか？　その会社の始業時間は9時とします。

これはチームの答えを1つ出してもらうワークなのですが、4人1組のチーム内でも、意見が割れてもめるのです。それぞれの考えを折衷しながら、答えをしぼる。チーム内でも意見が割れますし、それぞれのチームが出す答えも様々です。

ただ、大きく分けると次の3つの意見が出てきます。

①9時の始業前には渡しておく（9時を含まない、8時59分59秒までが朝イチとする）
②9時を含む始業前後5分で渡しておく（9時ジャストが基本だが、前後5分は許容範囲とする）
③9時を過ぎ、メールチェックや急ぎの案件対応後、一段落したあたりで渡すタイプ（9時から1時間程度は朝イチとする）

さて、あなたにとっての「朝イチ」は何時何分ですか？


ここで気付いていただきたいのは、「共通言語が機能しているのか」という点です。

上司が指す「朝イチ」と、部下が思う「朝イチ」の時間が違えば、同じ着地ができません。認識のズレにより、本来は必要のない無駄なストレスや衝突を招きます。

組織内で何気なく使っている言葉の定義がバラバラだと、チームの共通言語として機能せず、良好かつ快適なコミュニケーションが築けなくなるのです。

「朝イチ」に限った話ではありません。

上司が「おい、ちゃんと管理しとけよ」と言いました。その「管理する」とはどういうことなのでしょうか？　あるいは「次の会議ではリーダーシップを発揮しろ」と指示された際のリーダーシップとは何でしょう？　どう行動すればいいのでしょうか？

具体的に言語化し共有が出来ていないと、その言葉は何の意味を成さないどころか、かえって部下を混乱させるものになってしまいます。

共通言語を機能させる！

言葉とその意味を言語化し定義することで、初めて共通言語としての役割を果たし、チームが機能している状態がつくれるのです。

そのためには、会社で普段何気なく使われている様々な用語を定義しなおし、自分の言葉で語りなおせるくらいの知識は必要です。そして語彙力も、です。

2. 共有力は「わかりやすさ」
――比喩・語彙・要約

「TED Talks」という動画の無料配信プロジェクトがあります。学術・エンターテインメント・デザインなど様々な分野の著名人が講演やプレゼンテーションを行い、その模様が動画で世界中に配信されています。ここで配信される数々の名スピーカーの講演を視聴すると、人を惹きつけ心を打つスピーチには、共通点があることがわかります。

それは「ピクチャートーク」と呼ばれるものです。

「ピクチャー」＝「絵」です。頭の中に同じ絵を描くことで「共有」が生まれ、共有があるから「共感」が生まれるのです。「わかるわかる」「そうだよね」と相手の話に共感できるのです。

チームのビジョンや、将来の構想がいくら素晴らしいものであっても、それを伝える術を知らないと、部下には伝わりません。自分の頭で描いている絵と、相手の頭の中に描かれる絵が一致している必要があります。

全ては「共有」があってこそ、です。仮に、自分と相手の描く絵が違っていたならば、向かう先や方向性が異なるので、時間の経過とともに到着地が別の場所になるでしょう。

部下と同じものを描く、つまり「共有」を実現するには、相手の知識レベル思考レベルに合った例え、寓話、比喩などを入れてあげる必要があります。

例えば、「現状の課題は何か？」と言う問いがあったとします。

新卒で入社半年の若手社員が思い描く課題と、経営陣が思い描く課題では、大きく題材が違ってくるでしょう。課題という問いかけが漠然としすぎて、共通の絵を描くことができない状態です。

そこで、当人の半径5メートル以内で起こりうる、想定される課題を例として出すことで、とてもイメージがしやすく、伝わりやすくなるのです。

その業界、職種ならではの「あるある」といった事例を提示してあげることです。部下とイメージを共有するためには、ある程度、抽象度を下げ、具体的な「あるある」の事例を出しましょう。

次に、語彙（ボキャブラリー）と要約の大切さです。

せっかく具体的な例を入れたとしても、話がダラダラと長くなっては、伝えたいことが伝わりません。あらゆる語彙を駆使し、適切な単語熟語に置き換えて、なるべく端的に要約しながら伝えていくことを心がけましょう。

ところが、ボキャブラリーが貧しいと、言葉の説明をしてしまうのです。本来であれば、置き換えるべき単語熟語があるはずなのですが、それが出てこない。認知語彙と使用語彙の数は違いますから、知ってはいるけど出てこないという事態になり、結果、話が長くなり、わかりづらくなるのです。

「赤くて、直径10センチくらいの丸い果物で……」

と説明されるより、

「りんご」

と一言で伝えたほうが圧倒的に早いわけです。

ボキャブラリーを増やし、要約力を高めるにはどうすればよいのでしょうか？

活字に触れること、つまり読書が一番有効です。

社会人になって、本や電子書籍も読まず、「note」などの電子マガジンや、「東洋経済オンライン」「NewsPicks」などのＷＥＢメディアにも触れていない……。こんな状態では、インプット量が圧倒的に足りていません。新たな情報を入れていないということは、脳がアップデートされておらず、いわば社会人としてのＯＳが Windows 98 のままのような状態です。

社会がめまぐるしく変化する中、Windows 98 の自分が出す判断やアウトプットが、果たして現状に適しているといえるのでしょうか。もう、お気づきかと思います。多くの情報に触れることは、ボキャブラリーを増やすだけではなく、自分の思考や価値観、脳のＯＳまでをも更新し続ける方法でもあるのです。

「読書が有効といっても、どれくらいの読書量が必要なのか？」

とお思いでしょう。

あなたは１カ月に何冊の本を読んでいますか？　文化庁の調査によると、月７冊以上読書をしている割合は、約４％（調査対象：全国16歳以上の男女）とのことです。

つまり、月７冊の読書を実践することで、ピラミッドの頂点である４％の部分に入ることができるのです。ビジネスパーソンとして目指すところは、この月７冊の読書というアベレージです。

社会に出たら、年齢など役に立ちません。情報を持つ側が圧倒的に有利・優位です。それが自分の自信にもなってきますので、読書を中心に幅広い情報をインプットし続けることを日課としていきましょう。

!

共有力は、あらゆる知識とスキルの下支えがある!

3. 会議は基本25分

長い、決まらない、非効率、意見が出ない……。目的が曖昧な会社の会議。進捗の共有だけに時間をとって集まる意味があるのだろうかと感じることも多いでしょう。

一方で、目的が明確、話しやすい雰囲気、肯定的な意見交換、実のある議論といった、意思決定の材料が出揃っている会議もあります。もっと会議を活発に面白く、また学びの場として活用できないのか、そう思われたことはないでしょうか。

会議には、実はとても経費がかかっています。参加社員の時給と時間が投入されているからです。例えば、役員クラスの人間が10人集めて2時間の会議をしたとします。彼らの時給が1万円として、2時間の会議で20万円が投入されています。機会費用という経済学上の概念があります。ある行動を選択することによって、得ることができなかった利益を指す言葉です。この会議では、まさに20万円が機会費用となり、20万以上の価値を生み出した会議であるかどうかを考える必要があります。
長時間の会議がなくならないのは、会議をしている間に失われている時間や利益、ビジネスチャンス、つまり機会費用を認識していないからといえます。機会費用を意識することは会議をする上でも忘れてはならない要素なのです。

また、会議の時間を60分単位で設定するのはやめましょう。1ミーティング25分。5分の移動で次のアポが入れられます。ほとんどの会議は、無駄な時間が多すぎます。何のための会議なのか、目的を明確にする。そのためには準備です。会議のアジェンダは最低でも前日の午前中までには参加者全員に共有しておく必要があります。

会議の目的は3つ、「決める」「広める」「生み出す」です。

①決める……意思決定です。これには注意が必要で、その会議に参加する最も上の役職者が自らの意見・立場を明かさないことです。トップの人間が、誰よりも先に自分の意見・立場を明らかにしてしまうと、他のメンバーの意見に大きく影響を与えます。日本の文化だと、ほぼイエスマンに成り代わり、仮に反対意見を持っていたとしても瞬時にひっくり

返ります。

会議の真の目的は、最適解を導き出すことです。場当たり的な、風見鶏で意見を合わせて乗っかることではありません。ですが、部下が萎縮し自分の意見を言えない状況もありえます。適切な意思決定をするために、参加者全員の意見を引き出すことを心がけていきましょう。

また、会議の時間が設定されている以上、その時間で会議は終了です。決められない、決まらないからと延長をするところがありますが、絶対止めてください。そこで決められないのも問題ですが、原因は準備が不十分だったと考えられます。ジャッジする材料が足りていないのです。データが不足している、情報が足りていない、そのため、ジャッジがつかず迷うのです。その状態でいくら議論を深めてもあまり良い答えにはなりません。いったん切り上げ、次回まで必要な情報を持ち寄って再度会議にかけましょう。

②広める……情報共有です。進捗、スケジュール、確認事項、タスク、伝達など、全員が共通認識を持つことです。重要度が低いものはグループウェアやビジネスチャットのアプリで管理可能です。他の議題で時間がおした際のバッファー（緩衝器）としても機能します。この会議で情報共有できなくても支障がない場合などです。

ただ、文字情報からでは受取側の解釈が分かれるような、誤解を招くものは、会議で共有していきます。

また、いくらツールで共有したとしても、その情報を見ない人間は一定数います。組織の情報管理、セキュリティ、社員モラル等で会社は一瞬で傾きます。バイトテロで企業が甚大な被害を受けることも少なくありません。共有対象の重要度を考え、共通認識を持ち理解を得ていきましょう。

③生み出す……アイデア出し会議です。このアイデア出し、座ってすぐに創造性が発揮され、良いアイデアがゴロゴロ出てくるなんてことはありません。アイドリングが必要です。頭を柔らかく、クリエイティブモードに切り替える時間を作りましょう。はじめの5分でモードを変えるアクティビティを入れるのが効果的です。

アイデア出し会議をブレーンストーミング（ブレスト）と呼ぶこともありますが、いくつか覚えておくべきルールがあります。

●批判・否定はNG

人の意見を批判せず、否定的なことも言いません。相手の発言中に口を挟まないことも気をつけましょう。

●質より量

良いものを出そうと思っても、ジャストアイデアがいくつも溢れ出るなんてことはそうありません。ひたすら量を出しましょう。質はその量に比例するので、まずは量です。

●非常識を歓迎

おかしなこと、バカなこと、あり得ないことを楽しみましょう。役職が上の人間が率先して奔放になる。ユーモラスに振る舞うのです。そうすることで、下の人間が発言しやすくなります。これもマネジメントの一つです。

この3つのルールでブレストをしましょう。

その他のアイデア出し手法としては、マインドマップもよく使われます。頭の中にある思考やイメージ、アイデアを視覚化する手法です。

逆転発想もおもしろいです。常識であるものを逆にしてみる。例えば薬局で置いている綿棒の色は白が普通ですが、黒い綿棒も並んでいます。開発は岐阜県にある平和メディク株式会社で発想の逆転からヒット商品となりました。トイレットペーパーも黒が高級品として流通しています。また醤油が透明になる時代、熊本県にある株式会社フンドーダイ五葉が開発しました。固定観念、当たり前、常識の枠に囚われていたら生まれない発想です。

組み合わせ法もあります。出てきたアイデア同士を結合したり、発展させたり、修正、改善をさせるやり方です。

これらは全て、意見を否定せずに、肯定的かつ建設的な言動で進めます。否定を排除するのです。「そんなアイデアつまらない」「到底できそうにないな」など、自分の意見を否定されるとそこで思考が停止します。脳波がβ（ベータ）波状態になるからです。そこから創造性は絶たれます。逆に肯定されると、リラックスや楽しい心地で、脳波がα（アルファ）波やθ（シータ）波状態になります。人はリラックスしている時に最高のパフォーマンスを発揮しますし、アイデアやひらめきが浮かびます。

会議は目的を明確にし、アジェンダを共有しましょう。時間を設定し肯定的かつ建設的な言動で全員のパフォーマンスを上げるのです。

会議でメンバーをモチベートする！

◆ちょこっとコラム「ファシリテート」

会議の質はファシリテートによって決まります。旧来型の社内会議を「資料を読み上げ型」「トップダウン型」とするならば、向後の社内会議は「目的思考型」「インタラクティブ型」に移行していくでしょう。そこで必要とされるスキルが「ファシリテート」です。

ファシリテートとは、メンバーの発言や、能動的な参加を促したり、議論の内容を整理したり、認識や意志を確認したりする行為で、全体の合意形成や相互理解をサポートします。

ファシリテートで大事なのは次の三点です。

①「ゴールを明確化」し会議の目的をはっきりさせます。なんのための会議なのか、どこが会議のゴールなのか、何を成果とするのか、などを事前に考えましょう。

②「雰囲気づくり」は大切です。スタートは緊張や警戒の空気で口が重くなり、なかなか意見が出ません。心理的抑圧を解放する「場づくり」が求められます。また、ときにアイスブレイクを入れるなど、メンバーの心理状況に合った対応で、場を調整していきます。

③「拡散」する。この「拡散」こそが価値ともいえます。質は量に比例しますから、出される意見やアイデアが多いほど、最終的な結論はクオリティーの高いものになっていきます。メンバーの納得感も増し、合意形成へのバトンが渡るのです。

会議をどんな場（活発な議論、有意義な時間）にするのかは進行役のファシリテーションスキルに寄るところが大きいので、ビジネスパーソン必須のスキルと言えるでしょう。

4. 虫の目・鳥の目・魚の目＋「〇〇の目」

管理職に限らず、リーダーとして、また、一人のビジネスパーソンとしての視点・視野・視座もアップデートは重要です。すなわち、注目する点（視点）、範囲（視野）、そしてどこから見るのと言う見る立場（視座）のことです。ある位置から、エリアに向けフォーカスする。

視座の違いは見る立場に起因します。立場によって見る範囲や見え方は大きく変わってきます。つまりは、そこからの気づきに違いが出ると言うことです。

視座の違いを指す言葉に、「虫の目」「鳥の目」「魚の目」があります。

「虫の目」は、目の前の葉や石、土を近視眼的に捉える見方であり、細部に注目する局所的な見方です。

新人が先輩から言われたこと（目の前の仕事）を唯々こなしているときも虫の状態です

し、組織で言う現場も虫。また、「神は細部に宿る」と言いますが、注視しなければいけない時も虫の視点になるのです。

「鳥の目」は、虫や木々、動物が住む「森」全体を上から広く俯瞰して捉える見方であり、全体像の把握やより大局的な見方です。チームのリーダー、束ねる人間、会社の経営者がマネジメントする際は鳥の状態になります。「木を見て森を見ず」と言う言葉がありますが、一本の木ではなく、森全体を俯瞰するイメージ、またはその立場で物事を捉えることです。

「魚の目」は、海流や潮流をよみ、その先進む方向や行動を決めています。トレンド、社会の変化など、時流を読む見方です。いかに素晴らしい商品・サービスでも、リリースのタイミングを間違えば全く売れません。真夏に新作チョコレートを出すようなものです。余談ですが、真夏にアイスは当たり前だと思われますが、北海道では逆で、アイスの売り上げが高いのは、なんと冬なのです。地域差による需要って面白いですよね。

そしてもう一つ、新たな視座を追加してみましょう。それが、コウモリです。

「コウモリの目」は、逆さにぶら下がっているコウモリのように、物事を反対から見る視点です。クリティカルシンキングを含んだ、批判的に見る捉え方です。「批判する」のではなく、「批判的に」見るのです。上下、左右、裏表、正反対に捉えなおしたり、既存のやり方、固定観念、既成概念などをいったん疑ってみるのです。

社会は目まぐるしく変わっていますが、組織の体制や仕組み、マニュアルが10年前から何も変わっていないとしたら、

「これは今の環境にマッチしているのだろうか？」

と、一度疑ってみる。そのことで、新たな価値を生むかもしれません。

4つの視座でどれが一番大事か？　ということではありません。どれも重要で、状況に合わせ使いこなす必要があります。

「鳥の目」はあれどもザル勘定では困りますし、「虫の目」ばかりでビジョンがなければ前に進みません。また時流を読む「魚の目」は優れていてもリスクヘッジも必要ですし、「コウモリの目」ばかりでも検証しなければ価値は得られません。

細部に注目したり、全体を俯瞰したり、時流を読んだり、逆の発想をバランスよく持つことでイノベーションが起きるのです。

虫、鳥、魚、そして「コウモリ」の目

◆ちょこっとコラム「1番人気が1番美味しい？」

あるテレビ番組で、パンの人気ランキングを発表して話題になりました。スクールで受講生にも同じ質問をしていますので、一緒に考えてみてください。

「みんなに人気のパン」のランキングが発表されました。3位はあんパン。2位はメロンパンです。では、1位は何でしょう？（答えは即答です）

すると皆さん、「クリームパン！」「チョコパン！」「クロワッサン！」などなど、勢いよく答えます。気持ちはわかります。私はクリームパンが好きなので、つい「クリー……（ム）」と言いかけたほどです。

そこで一瞬「ちょっと待てよ？」とブレーキがかかり、「あ……食パンか？」と思い浮かびました。

そう、1位は「食パン」なのです。答えを知ると、「あ、そういうことね！」「言われてみればそうだよね」「ずるいなあ～、もう！」とかいろいろな反応があります。

「人気のパン」と聞いて、バイアスがかかった可能性があります。冷静に考えると「1番人気とは、どういうこと？」と置き換えられるので、「1番人気＝1番売れている」ということに気付けるのです。同じように、ケーキのショーケースなどをのぞくと、POPに「1番人気！」とよく書かれています。「1番人気＝1番美味しい」と捉えがちですが、「1番売れている」という意味だと知っておかなければなりません。

5. ロジカルシンキング（論理的思考）

ビジネスパーソンの基礎的ビジネススキルに「ロジカルシンキング（論理的思考）」があります。書店での関連本や企業研修でも活況を呈しています。

よく挙げられる例として、次のようなものがあります。

「人は皆、いつか死ぬ」「ソクラテスは人だ」「ソクラテスは、いつか死ぬ」

演繹法という手法ですが、このままで仕事に活用できる人は少ないかと思います。教科書的な体系をいくら知っていても、仕事で使えなければ意味がありません。

ここでは違うアプローチでお伝えします。ロジカル（論理）とは何のためにあるのでしょうか。誰のためにあるのか、と考えた方が良いかもしれません。ロジカルとは、少々キツい言い方をすると、理解力が乏しい、あるいは相関・因果などの関係性が推測できないなど、いわば「物分かりの悪い人」のためにあるのです。

理解力がある人は「AだからBです」に対して、「そうそう、わかるわかる。AだからBですよね」とすぐ返します。これは、物分かりの良い人です。

問題は、そうではない人です。「AだからB？　なぜAだからBなの？」とつまずいてしまいます。するとAからBにいく過程を更に細かく伝えなければいけません。左の図を見てください。

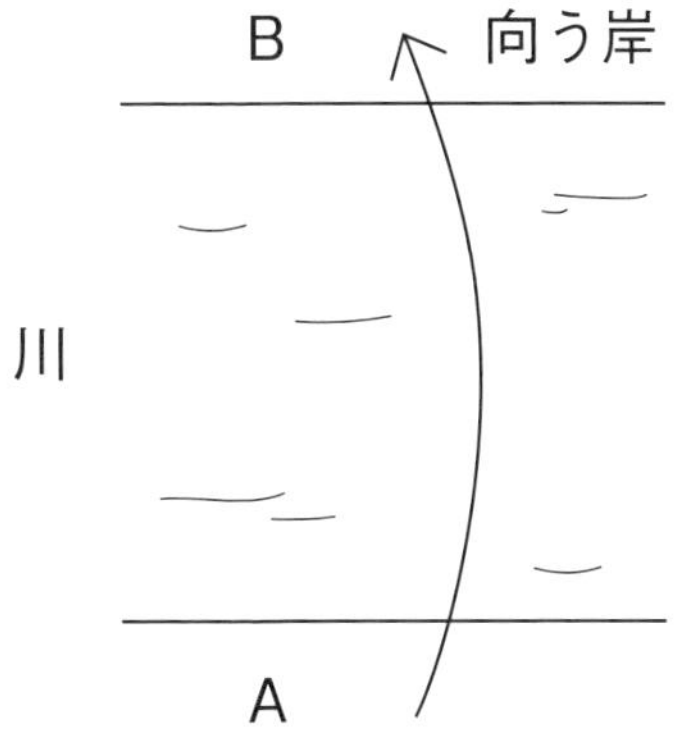

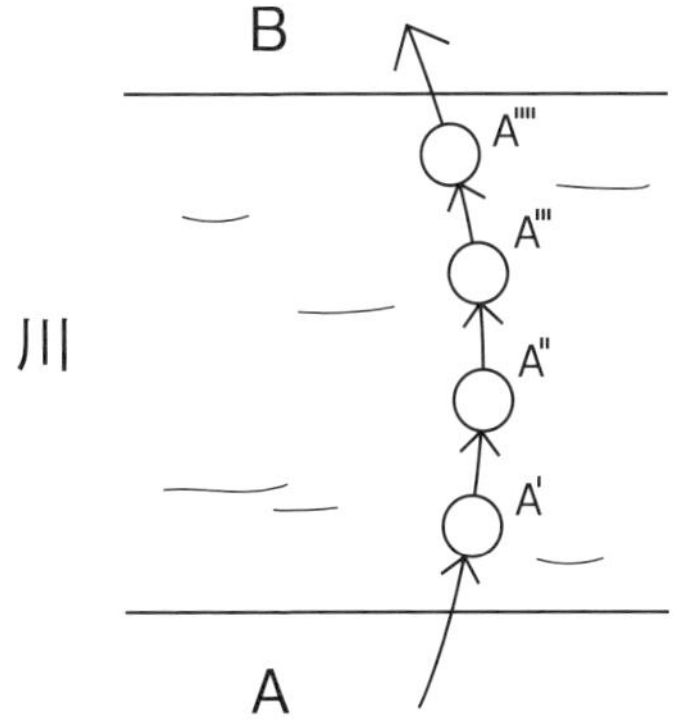

岸Aから岸Bへ渡るのに、「AだからB」を理解できない人には、川を渡れるように飛び石を置いてあげる必要があるのです。「AだからA1」「A1だからA2」「A2だからA3」……というように、一気に対岸Bへ渡れない人には、飛び石をいくつか置いて、渡りやすくしてあげるのです。

「風が吹けば桶屋が儲かる」ということわざがありますが、これを飛び石をおいて説明すると、次のようになります。

・風が吹くと砂ぼこりが舞う
・砂埃が目に入り、視力を失う人が増える。
・視力を失う人たちは、三味線引きの職に就く
（江戸時代では、視力弱者の代表的な職業でした）
・三味線の需要が増え、その材料である猫の皮が必要になる
・猫が捕獲され猫が減少
・猫を天敵とするネズミが増え
・ネズミが桶をかじるので桶の修繕や買い替えが増え桶屋が儲かる

このように順をおって話を展開すると、理解が得られるでしょう。実際の因果関係はわかりませんが、話の筋は通っています。

仕事においては、様々なビジネスシーンにおいての問題や事象を、分解し相関や因果の関係性を整理し、適切な判断や対策を打ち出して行く。その際に、チーム内の誰一人として、向こう岸へ渡り切れない脱落者を出さないために、適度に飛び石を置いてあげることも、リーダーの大切な役目なのです。

ロジカルへの第一歩は、飛び石を置く！

◆ちょこっとコラム「ロジカルシンキングの前提」

ロジカルシンキングは、まず「前提」があり↓「推論」を展開し↓「結論」に至る、というプロセスを辿ることが多くあります。そこでポイントとなるのが「前提」です。前提の置き方により、結論が変わってしまうからです。

①「今日は、とても暑い」↓「午後には猛暑日になりそうだ」↓「半袖で出かけよう」

夏の朝によくある光景で、論理的な展開に見えます。
では、次の展開はいかがでしょうか。

②「今日は、とても暑い」↓「午後には猛暑日になりそうだ」↓「長袖で出かけよう」

結論が「半袖」から「長袖」に変わっています。答えをいうと、①が北海道、②が沖縄での結論です。南の地域は日差しが特に強いため、日焼け防止のために長袖を着る。地域の違いという「前提」があるので、結論が異なるのです。

いくら筋の通った展開をしても「前提」により結論は変わります。だから、前提がポイントとなるのです。

夏に快適な服装が、半袖なのか、長袖なのか。その前提をどう置くかが肝になるということです。

この前提は、価値観にも深く関わってくるので、そこの共有があってはじめてロジックが成立します。

推論の展開、その行きつく結論に、わかりあえない壁があるなら、そもそもの「前提」を疑い、確認してみましょう。

6.「わかる」から「できる」へ

論理的に説明をし、理解されたとしても、その通りに出来るとは限りません。

ご存知の通り「わかる」と「できる」は違うのです。ここで「学習の4段階」の話をします。

人が何かを習得するには、4つの学習レベルがあり、そのステップを踏んで成長すると言われている段階です。

車の運転を例に、見ていきましょう。

第1段階：「無意識的無能」（知らないしできない）

子どものうちは、免許を取得しないと運転できないことや、教習所の存在すら知りません。何を知っていないか、ということさえ知らない状態。これを「無意識的無能」と言い、「知らないしできない」と言う第1段階になります。

第2段階：「意識的無能」（知っていてもできない）

車を運転するには免許が必要です。免許を取るために教習所に通います。そこでは様々な運転技術、たとえばS字カーブや縦列駐車も学びます。縦列駐車なら、窓から赤いポールが見えたら、左に全開でハンドルを切り、ゆっくりとバックする。奥のポールまで来たら止める。それがわかっていても、実際にはなかなかできないため、何度も切り返してしまう。これが「知っていてもできない」という第2段階です。

第3段階：「意識的有能」（考えるとできる）

路上教習に出る頃には、S字カーブも縦列駐車も意識すればできるようになっています。ただ油断はできません。習慣までには至っていませんから、いつも集中して考えて実行する必要がある状態です。路上には目印のポールなどありませんからね。これが「考えるとできる」という第3段階です。

第4段階：「無意識的有能」（考えなくてもできる）

そして、いよいよ無意識レベルの段階です。熟練したドライバーなら、いちいち意識しなくても感覚で、S字カーブや縦列駐車をしています。自然と自動的に行動している状態です。「考えなくてもできる」という第4段階に到達です。

人は、「わかる」から「できる」に達するまで、また無意識レベルの習慣化がされるまでには、この4段階を経る必要があり、そこにはある程度の時間が必要です。各々の成長スピードも違いますから、人によっては膨大な時間がかかるかもしれません。

①新人が会社に入って右も左もわからない、何を知っていないのかさえ見えていない。

②右か左かくらいはわかるが、戸惑うことが多い時期。行動してもすぐに成果に繋がらない。そのため、途中で挫折し、辞めていく社員が出始めるのもこの段階でおきる。

③継続がチカラに変わり、一人で仕事をミスなく終える。できることが増えてきて、「有能感」「できている感」が増してくる。

④意識してやれていたことが、意識せずともできていることに気づく。作業をしながら電話を取るなど、並列で複数のことをこなします。それが当たり前過ぎるほど日常になっている。すると逆に、他人に説明するのが難しい。

相手の状態、今どのステップにいるのかを見て、必要があればテコ入れをしていきます。それが次の段階です。（P99の図も参照）

第5段階:「無意識的有能に意識的有能」(どこからでも教えることができる)

自分が無意識に出来ていていること、習慣化されて当たり前にやってしまっていることを、言葉にして他人に教えることができる状態です。

野球界の大スター「ミスター」こと長嶋茂雄さんは、バッティングの指導時にこのような伝え方をしているといいます。

「ボールがスーッと来たら、グゥーッと構えてバーンと打つ」

スーッ、グゥーッ、バーンです。このオノマトペ的な指導だけでバッティングをマスターできるのはプロ選手だからであり、アマチュアの段階では難しいかもしれません。

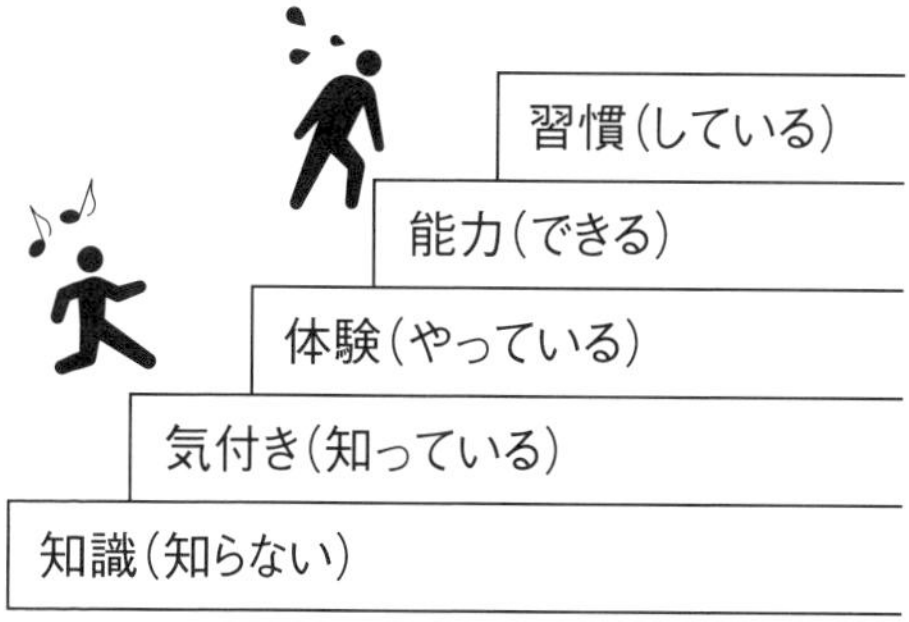

一方、「あなたはボールに対してスイングを始めるのが早い。左肩が開かないように意識して」など、具体的な動作に落とし込んで伝えてあげると、行動の仕方や改善点が見えてきます。

イメージを伝えただけでは、どう動いていいかわかりません。自分が無意識でできてしまっていることを、いったん意識のレベルに上げ、具体的に言語化して伝えられる領域が第5段階のレベルです。それは、管理職にとっても必須のスキルといえます。

「イメージと感覚」「言葉と順序」

◆ちょこっとコラム「スキーは夏に上手くなる」

「わかる」から「できる」になるまではある程度時間がかかります。実際の効果として現れるにはタイムラグがあるのです。「スキーは夏にうまくなる」のと一緒です。

スキーシーズンは冬なので、「冬に上達するのではないですか?」と思われます。ですが、実際は夏のトレーニングが大切です。オフシーズンの夏は、体づくりをする時期です。筋トレ、体幹、基礎トレーンングなどにより、肉体、筋肉がさらに強化されていきます。そのフィジカルの強化が、冬の滑りに現れるのです。

本を読んだだけでは、まだ何も変わりません。行動を起こし、実践する。初めは上手くできなくても、来週のどこかに、または、再来週の何かに活きてきますので、安心してください。

◆ちょこっとコラム「寝るのも仕事?!」

脳科学では「レミニセンス（追憶現象）」と言われている現象があります。

「昨日までできなかった逆上がりが、今日、なんとなくやってみたらできちゃった」
「昨日まではうろ覚えだったけど、今日はスラスラ思い出せる」
「昨日まで上手く弾けなかった部分が、今日はつまずかずに行ったぞ」

仕事、勉強、スポーツ、音楽、の出来は回数に比例するのではなく、あるとき突然、格段に進歩したりします。まさに、ブレイクスルーが起こるのです。その理由は、睡眠、休憩などの時間経過により、脳内で記憶が整理されるためだと考えられています。

脳に情報を叩き込んだら、いったんそれを消化し整理する時間を設けましょう。そして反復することで、タイムラグは生じますが、記憶として定着していきます。

ちなみに、アメリカの精神医学者スティック・ゴールドは、「何か新しい知識や技能を身につけるためには、覚えたその日に六時間以上眠ることが欠かせない」と主張しています。

さあ、今すぐ本を閉じて、寝ましょう。では、また明日。

第4章

「上司対応」

1. 苦手な上司対処法「承認欲求を満たせ！」

気が合わない、近寄りづらいなど、苦手と感じる相手はどこにでもいます。怒りやすい、威張る、粘着する、人をバカにするなど、性格的に「難あり」な相手もそうです。

相手の言動に明確な問題があるなら、「ハラスメント」として訴え出ることで解決できます。現在、ハラスメントは約50種類もあるそうです。パワハラ、モラハラ、セクハラ、スメハラ……。このあたりはメジャーですが、驚くようなハラスメントもあります。「スイーツハラスメント」、略して「スイハラ」。これ、どんなハラスメントだと思いますか？

ダイエット中の女性に、スイーツを差し入れる行為が「スイハラ」なのです。その場でスイーツを食べないといけない空気も含めてのハラスメントなのでしょう。甘い物が苦手な人もちょっと困ります。何でもハラスメントになる時代ですから、あまりにもひどい相手には「○○ハラスメント」と認定してもらうのも対処法の一つです。

ただ、そこまでひどい言動はないけれど、苦手な上司の場合にどうするか?
そんなときの対処法——それが「承認欲求を満たせ！」です。

承認欲求とは、自分が集団から価値ある存在と認められたり、尊重されることを求める欲求です。「自分のことを理解してもらいたい」「大切に扱ってもらいたい」という気持ちです。例えば職場で「おい、そこの新人！」と呼ばれるよりも、「○○さん！」と名前で呼ばれた方が、自分という存在が認められている気がするでしょう。アメリカの心理学者アブラハム・マズローの有名な「5段階欲求」にも、4段階目に承認欲求が出てきます。

苦手な上司に対しても、とりあえず「承認」です。上司の内側を承認で満たしてあげてください。ジャイアンに「歌がうまいね！」とおだてるのと大差ありません。「スゴイですね」「さすがですね」「勉強になります」「頼りになります」「やっぱ○○さんですよね」と、これでもかという量の承認ワードを浴びせるのです。

上司という他人に向けた言葉であっても、脳はその言葉を自分のこととしても認識しますので、プラスの言葉を連発すると自分の肯定感もアップします。まさに一石二鳥の「承認砲」をバンバン打ちこみましょう。いわば「戦略的太鼓持ち」です！

嫌な上司のために、貴重な時間を費やして悩むのはもったいないことです。しかし、上司がある日、劇的に人が変わる、という可能性は低いです。上司は一生そのままです。

そこで、まともに相手をしてぶつかるほうが時間の無駄になりかねません。承認というテクニックで切り抜けましょう。あなたは、自分を承認してくれる相手、褒めてくれる相手を嫌いになりますか？　嫌いにはならないはずです。上司から嫌われなければ、環境的には御の字です。上司に嫌われると職場の居心地も最悪になってしまいます。


承認ワードは、いつでもサラリと使えるように、ストックしておくことをオススメします。ボキャブラリーも増やすように心がけましょう。「ほめ達（ほめる達人）検定」もあるくらいですから、意識すれば承認ワードのボキャブラリーを増やすことは難しくありません。そして、上司に一番響く、最も刺さる承認ワードを選びましょう。

さあ、今日から目の前の上司を褒めまくりましょう。未来の自分に大感謝されます！

今日の「承認」が上司と未来を救う

2.「飲み会」はプレゼンと心得る

歓迎会、懇親会、忘年会……。年に数回（もっと多い会社もあるでしょうが）、社内の飲み会という名のイベントがやってきます。

「面倒くさい」「気を遣うなあ」「社内接待か〜」

会社員たちのそんな心の嘆きが聞こえます。

ここで考えてみましょう。飲み会に参加したくない理由、心の嘆きの理由はどこにあるのでしょうか？

もちろん、退勤後も仕事の延長線上で気遣いはしたくないという気持ちはわかりますし、上司や同僚と何を話せばいいか分からない、という心配もあるでしょう。なかにはお酒が苦手という人もいらっしゃいます。

原則論でいえば業務時間外の飲み会への参加は義務ではありませんので、断っても問題ありません。ただ、このように考えてみてはいかがでしょう。

酒席を「自己プレゼン」の場と捉えてみるのです。

職場でのコミュニケーションの多くは「一対一」というシチュエーションです。しかし飲み会では、両隣や対面の人との距離が職場よりもグッと近くなりますし、ワンテーブルを大人数で囲む環境です。いうならば飲み会は、周囲に自分をアピールできる絶好の場なのです。しかも「短時間」で「複数の社員」にリーチできる点で、日中のオフィスでのコミュニケーションより極めて効率的です。

これを利用しない手はありません！　例えば趣味や仕事観をさり気なく共有したり、相手の話を傾聴する姿勢や協調性の高さを感じてもらったりと、オフィスでは表れない自分自身の良さが滲み出る場、それが飲み会です。今日の飲み会が、明日の人間関係に活きるのです。

とはいえ、売り込む気満々の自己アピールを押し付けるのは賢明ではありません。あくまでも「さりげなく」がポイントです。さりげない自分の言動、立ち居振る舞いが、結果的にプレゼンになっている……というのが理想です。上手く伝われば翌日からの仕事のしやすさがグンと向上します。自己アピールとして直接的に働きかけるというよりも、あなたの良さが間接的に伝わる、という効果を意識しましょう。

その最たるものは「先回り力」です！　上司や同僚の話を進んで聞きつつ、グラスの減り具合にも目配りしながら次の飲み物を勧めます。他のテーブルにも目を配り速やかに追加オーダーする。あるいは料理を取り分けたり、空いたお皿を素早く片付けるなども好印象です。そう、合コンで一定数の女子がやる、あの「女子力ありますよ」アピールです！　できます！　あなたなら必ずソツなくこなせます！

先を見越した気遣いや振る舞いは、周りからも見ていて気持ちがよいだけでなく、あなたのセンスや行動力も感じさせます。「たかが飲み会」と思うなかれ。職場の面々は見ていないようで、しっかりあなたを見ているのです！


!

飲み会はプレゼンです。戦略的に参加しよう！

3. 同調圧力に屈しない！

職場における同調圧力は、目に見えない強制力の働きであり、精神的な負担は計り知れません。よくある女性社員同士の、誰かが「これかわいい〜」と言ったら「ホントだ！かわいい〜」と答える、先輩が「この仕事、面倒臭いわよね〜」と言ったら、同じように復唱する……。「みんな一緒」「私とあなたが同じ考え」と確認し合うことで、発信者の快適領域が保たれているのです。

権力格差の指標（ホフステッド指数の第一「上下関係の強さ」）があります。権力弱者が、権力の不平等を受け入れる度合いを国ごとに表した指標です。権力格差指標が大きい国では、年上を敬うのが当然ですし、権力の有無による収入差も当然のこととして受け入れられます。権力格差の少ない国では、子どもは大人と対等に扱われ、権力の有無による収入差は当然とはされません。

話を戻しますが、同調圧力なんかに屈する必要はありませんし、意見だって一致しなくてもいいのです。「一致しない＝嫌い」ではありませんし、「価値観や意見の違い」を知ることが、多様性（ダイバーシティ）を受け入れることでもあるのです。人それぞれの価値観の違いは、「0か1か」とデジタルに、また明確に区別するようなものではなく、滑らかなグラデーションなのです。同調圧力という、古臭いムラの秩序に付き合わなくてもいいのです。

時間は有限です。
自分の時間を何に使いたいのか、本当の自分は知っていますか？
また、自分のお金を何に費やしたいのかを知っていますか？
貴重な自分のエネルギーを何に向けたいか知っていますか？

あなたの人生を浪費してしまわないためにも、これらを知る必要があります。

1日24時間から、睡眠時間と会社にいる就業時間を引いたら、自分の時間は6時間くらいでしょうか。その6時間を何に使いたいのか？　大した価値のないコミュニティで、友達ごっこをするために使うのか、それとも自分の未来へ繋がる何かに使いたいのか。繰り返しになりますが、時間は有限なのです。

「私は、自分の時間を何に使いたいか知っているのか」

「私は、自分のお金を何に費やしたいかを知っているのか」

「私は、自分のエネルギーを何に向けたいか知っているのか」

全て「〇〇したい」という言葉が入っています。自分の「したい！」という気持ちに、主体的であることが重要です。

周囲の空気や同調圧力など気にしても、あなたの人生に意味はありません。同調圧力をかけてくる相手も罪深いのですが、それに屈して同調する側も同罪だと心得ましょう。

同調圧力の村から出よう！　世界は果てしなく広い

4.「上から目線」と感じたら

相手の言動に対して、「上から目線」だと感じたことはありますか?

同じ内容を聞かされたとしても、誰が言うかによって受け取り方は変わってきます。

お客様からの意見は素直に聞き入れられる一方、部下からの意見は半分流して聞いてしまうこともあります。話の中身は同じでも、それを誰から言われるのかで、自分の中の反応が変わることは、誰もが身に覚えのあることでしょう。

では、「上からものを言われている」と感じるときは、どんな反応が起こっているのでしょうか?

まずこの「上から目線」を分解してみましょう。

「上から目線」とは、立場が自分と対等もしくは下だと思っている相手の発言が、上の立場からものを言っているかのように感じたときに使う言葉です。

同じ言葉を言われても、受け入れられる相手と受け入れにくい相手がいるのは、先にも述べた通り相手が誰であるかによって感じ方が違うからです。

つまり、「上から目線」と感じる前提は、相手の立場を自分より上か下か、もしくは対等か、で見ているという点です。自分の中で無意識に相手を勝手にポジショニングしているのです。そこに、身勝手なジャッジによる自分を中心とした上下の座標軸が生まれています。相手を勝手に下に見たり、対等に並べたりしているのは、実は自分なのです。

仮に、目の前にいる全ての相手に対して心から敬意を表しているとしたら、自分より下とか対等な立場だとは思わないでしょう。相手に「上から目線」だと感じることもないはずです。

おもしろいことに、「上から目線でものを言うな！」と怒る人は、たいてい相手のことを下または対等くらいに見ています。自分より下か対等だと見ていた人間が、自分より上のポジションであるかのような発言をしてきたと感じるために、イライラしてしまうのです。

「上から目線」と感じたときは、自分を振り返る良い機会かもしれません。

相手との立場に上下関係があったとしても、自分に自信があれば、何を言われようと平気なはずです。

「そうですか。あなたはそういう考えなのですね」

と、冷静に聞くことができます。相手の発言に過剰な反応をしたりはしません。自分に自信がないために、相手の言動に反応してしまっているということを、心にとどめておきましょう。


!


人の上下は、自分が作っている。

全ての人を尊敬申し上げるべし

5. 無敵理論

前項で「全ての人を尊敬申し上げる」と述べましたが、それを実践するとどうなるのでしょうか。

なんと、無敵な自分に出会えます！

〝無敵〟とは、相手になる敵がいないほど強いというイメージですが、ここでいう〝無敵〟とは「敵がいない状態」のことです。目に映る人、見るもの全て、自分が目を向ける社会から敵がいない状態。

周囲の人は全て仲間なのです。敵ではなく仲間。

すると、「全員仲間＝敵がいない＝無敵」という状態になるのです。

ただ、いくら自分が無敵のあり方でいても、相手からは一方的に敵とみなされ、攻撃や批判を受けることはあるでしょう。

例えば、他人の言動に対しての誤りや欠点を指摘し、正すべきであるとして怒りの感情を無造作に投げつけてくる人がいます。

何が彼ら彼女らをそうさせているのでしょうか。怒りの感情をぶつけてしまう原因は何なのでしょうか。

それを考えるためには、まず自分が同じように怒りの感情が起こった状態を想像してみてください。

次に「相手に怒りをぶつけたいほど、自分は○○だった」という言葉で変換してみてください。

この○○には何が入るでしょうか？

相手に怒りをぶつけたいほど、自分が大事にされなかった！
相手に怒りをぶつけたいほど、自分が傷ついた！
相手に怒りをぶつけたいほど、自分のことをわかって欲しかった！
相手に怒りをぶつけたいほど、自分をもっと大切にして欲しかった。
相手に怒りをぶつけたいほど、自分を認めて欲しかった。
相手に怒りをぶつけたいほど、自分が嫌われるのが怖かった。

怒りをぶつけたいほど、「〇〇」だった。
この「〇〇」に本心が現れているのがわかります。
怒りは、「二次感情」です。
本当の気持ちが満たされない　↓　それ故に怒りに変わる
この構造です。

本当の気持ち――「わかってほしい」「認めてほしい」「大切に扱ってほしい」などといった「一次感情」が満たされない。ですから二次感情の「怒り」が起こって、その矛先が周囲（あなた）に向くのです。

怒りが湧いた際は、一次感情に注視することが必要です。

本当はどうして欲しかったんだろう、と素直に自分の本当の気持ちを聞いてみてください。子どもみたいにスネたり、いじけたり、強がったりせずに、本当はどうして欲しかったのかを見つめるのです。

すると、相手への怒りは自分が勝手に作っていた感情だと気づくでしょう。
あなたの周りに敵はいません、全ての人を仲間と捉えるのです。

！

敵がいない＝みんな味方＝一つのチーム

6. パワハラ上司
ファイト OR フライト OR フリーズ？

いうまでもなく、パワハラ上司はストレスの根源です。

パワハラには様々なパターンがありますが、典型的な例として、ダブルバインド（二重拘束）という状態があります。

あなたが何かを上司に相談すると、

「それくらい、自分で考えて判断しろよ」

と、言われました。

それではと思い、自分で判断したうえで実行すると、

「なんで勝手にこんなことをしたんだ！　やる前に相談しろよ！」

と言ってくる、というパターンです。

相談したら「自分で判断しろ」と言われ、判断したら「相談しろ！」と言われる。

二つの矛盾する命令を出され、どうしたら良いのかわからず、二重拘束されている状態です。

典型的な例をひとつ挙げましたが、このように上司からのパワハラは、多大なストレスを生むのです。

人間は、ストレスや危険に直面したとき、反応が三種類に分かれます。「ファイト（戦う）」「フライト（逃げる）」「フリーズ（思考停止）」の三つです。

まず、その場で戦うことで、自分を守ろうとする反応が「ファイト（戦う）」です。

一方、差し迫った危機的状況で「フライト（逃げる）」という反応もあります。逃げることも自分の生命を守る本能的行動です。

特に、真面目で従順なサラリーマンの多くは、「逃げる」という選択肢をもっていません。服従せざるを得ない状況で、正常な判断力を失い、度重なる理不尽なパワハラを受けることで心身がむしばまれていくのです。

「逃げる」という選択は、決して悪いことではありません。もし「逃げる」という言葉に、ネガティブな印象が伴うのであれば、別の意味で危険です。それは親をはじめとして、幼少期に自分を取り巻くまわりの大人からの〝洗脳〟だからです。

習い事や、部活など、途中で止めることを許してもらえなかった経験はないですか？「一度始めたことは、最後までやりなさい」「途中で投げ出すんじゃない」「逃げるんじゃない」

などと言われた経験があるのでしょう。しかし、興味が薄れたものをやり続けることに、はたして意味があるのでしょうか？

「逃げる」は生命を守るための本能的な行為です。高速に状況判断をして、スピーディに行動できるという意味で、肯定的にとらえるべきでしょう。

火事も小さいうちは自分で消火できますが、火が大きくなったら逃げるしかありません。火が大きくなったのに、無謀にも自分で消火しようとしたり、逃げるかどうかの判断を迷っていたら、火だるまになってしまいます。

そして、「戦うか」「逃げるか」の判断がつかず、脳がキャパシティ（容量）オーバーになると「フリーズ（思考停止）」という反応になります。いくらやっても無駄だと感じたら、無気力に陥り、その場で固まってしまうのです。

こうした三種類の反応を踏まえたうえで、パワハラ上司への対応をどうするか？

パワハラ上司は、マネジメントができていない無能な上司です。指揮命令の一貫性や明確さに欠ける相手です。いい歳をして抽象思考ができていない、かわいそうな人なのです。自分の考えを適切に言語化できず、感情的なコミュニケーションしかできない、いわば能力が低い人なのです。

「ファイトORフライトORフリーズ」で考えるとこうなります。

・そんな上司と戦いながら付き合ってあげるか（ファイト）
・ダメな上司をレクチャーするのは時間の無駄なので会社を辞めるのか（フライト）
・言われるがまま理不尽な指示に迎合し続けるのか（フリーズ）

自分の時間は有限です。貴重な自分の時間をもっと大切に使いましょう。ハラスメント防止法などによる対応もできますが、それよりも、快適な環境を探した方が早いケースが多いでしょう。

パワハラ上司につきあう時間はない。もっと快適な環境を探そう！

7.「報連相」の終焉

企業研修を大まかに区分すると、新人・中堅・管理職などで区別する階層別研修と、営業・システム・経理などで区別する職種別研修とがあります。

その中でも、新人研修については、言葉を恐れずに率直な感想を述べると「あれ、必要ですか？」と申し上げたくなります。（人事関係の方、すみません……）

こう言いますのも、企業の研修担当者と、新人研修について打ち合わせをすると、何とも言い難い「昭和の風」が吹くことが多いのです。一言でいえば、過保護すぎるのです。名刺交換の仕方、電話対応、言葉遣い……。こうした内容を、丸2日、数十万円をかけて行う意味があるでしょうか？　ビジネスマナーの基礎本を読むなり、ユーチューブで動作を確認すれば、ほぼわかります。

本来、ビジネスマナーは会社が教えるものではなく、新入社員が自ら社会で生き抜くために必要な素養として身に付けていくべきものなのです。

さて私は、「『報連相』（報告・連絡・相談）の研修をやってください」という依頼が来ても、まさに〝秒〟でお断りしています。なぜなら、「報連相」の時代は終わったからです。今の時代、「報連相」は無駄であり、部下が思考停止に陥ります。部下に「報連相」を強いると、部下は「報連相」が仕事になるのです。

例えば「報連相」を廃止した会社に、岐阜県に本社をおく電設資材メーカーの未来工業があります。未来工業は2018年、東証一部上場を果たしましたが、同社は社員の自主性を重んじた経営で知られ、残業禁止、年間休日140日、従業員は全員正社員にするなど、「日本一社員を大切にする会社」としてメディア等でもとりあげられています。同社創業者の山田昭男氏は「小学生じゃあるまい、なぜ、いちいち連絡をしてくるのか。通話料も無駄だし、かけてくる社員の時間はもちろん、受ける事務員の時間も無駄」「いちいち上司のお伺いを立てていると自由な発想も自主性もなくなる」「上司への報告も禁止……となると、人間はむしろ、いいかげんなことができない。その中で成果を上げようと必死で工夫してがんばるもんですよ」と仰います。

考えてみてください。いまやネットの普及でメールはもちろん、グループウェアなど情報共有ツールが溢れています。かつての「報連相」スタイルは非効率なものとなり、更には部下の思考停止を招く足かせとなる恐れを含んでいます。

見聞きしたものをただ報告する。そして関係部署へ連絡。何か起きたら上司に「どうしましょう?」と相談する……。このサイクルの中で、一度でも自分の思考フィルターを通したのでしょうか。新人時代に教わった形だけの「報連相」は時代錯誤であり、アップデートが必要なのです。

報告するために必要な関連情報の「インプット」、精査したものを関係者に「シェアリング」(共有)、そして、自分の頭で思考した成果を「アウトプット」する。

自ら思考せずにどうしたらよいかを聞くのではなく、熟考したうえでの判断を、上司への確認として、「やるか、やらないか」の決裁を仰ぐのです。

!

「報連相」という無駄な仕事を脱する。「インプット・シェアリング・アウトプット」を回す

第5章

「人間関係」

1. メールは即レス

最初に申し上げます——スピードが命！

メールやチャット、全てのレス（返信）にスピード感が重要です。ビジネスシーンにおいて、スピード感を持つ必要があるのは誰もが知っています。ではなぜ「即レス」なのでしょうか？　「遅レス」は問題外ですが、普通のレスではなく即レスをする必要がなぜあるのでしょうか？

例えば相手にメールやＬＩＮＥを送信します。メールやＬＩＮＥもコミュニケーションである以上、画面上であっても会話のラリーが存在し、そこにテンポも生じます。すぐにレスが来る相手と、なかなかレスがない相手。自分が安心感を持つ相手はどちらでしょうか？

もちろんそれは、すぐにレスが来る相手でしょう。自分のことを大切にしてくれる、大事に扱ってもらえる、そんな心地を抱きます。自分が即レスをすることで、相手にも同様の思いを抱かせることができるのです。

ビジネススクールの受講生を見ても、遅レスタイプは時間やスケジュールにルーズな傾向がありますし、即レスタイプはほとんどリスケ（スケジュール変更）もありません。

また、タスク処理の観点からも、メールの内容について瞬時に答えを出すと時間効率がよいのは当然です。相手の精神衛生上も、自分の信用が保たれる上でも、双方にとって「即レス」はよいことづくめです。

企業の問い合わせフォームも同様です。今はだいぶん減りましたが、ホームページに「こちらからの返信が3日以内に到着しない場合は～」という文言を載せている企業がまだあります。3日以内という〝だらしなさ〟。そこに気づけていない感覚の鈍さに、正直、理解に苦しみます。

「3日」に時間感覚のだらしなさを感じ得たならば、次は「24時間以内」「1時間以内」などの時間感覚を想像してみて、自分の時間を捉えなおしてみてください。その感覚が、これからの人生をより有意義でプレシャス（貴重）なものへと変えるでしょう。ただ時間を消費しているだけの毎日から、意味ある時間の使い方へとシフトしていくのです。

なにも人生を「生き急げ」といってるわけではありません。そのスピードが、自分と関わる相手に、「どういう影響を与えているか」を考えて欲しいのです。

時間は有限です。自分の人生の時間は有限なのです。だからこそ、人生の時間全てが、自分のワクワクで満たされて欲しいと願っています。

スピードが人生を変える「メール は即レス!」

2.「ギブ（give）」の習慣（返報性の法則）

「返報」とは、他人が自分にしてくれた行いに報いることです。良くも悪くも、受けたことを返したくなる人間の性質で、良い方に働けば「恩返し」になりますし、悪い方に働けば「仕返し」にもなります。

相手から何かしてもらった際、「お返しをしないと悪いな」と感じる「好意の返報性」を利用した例として、デパートの試食があります。

デパ地下やスーパーの肉売り場をイメージしてください。ジューシーな香りの先には、新商品の粗挽きウインナーの試食があります。食べた瞬間「これは美味しい！」と感じたならば、「やっぱり買わないといけないかな」と思います。これが返報性です。もし「あまり口に合わないな」と思えば、断ることにあまり抵抗を感じません。美味しい＝もらった、美味しくない＝もらってない、となるわけです。

何かを受け取ると、その分お返ししたくなる。何かをしてもらうと、何かをしてあげたくなる。これは、人とのコミュニケーションに大いに役立つ法則です。

ポイントは、部下やお客様など誰に対しても、まず自分が与える側になることです。「ギブ＆テイク」とよく言いますが、「与えたのだから、その分よこせ」「～して欲しいがためにしてあげる」という駆け引きばかりしていたら、少しのリターンしか入りません。

これからの時代に必要なのは「ギブ＆ギブ＆ギブ！」。つまり「与え続ける人になる」ことです！

考えてみてください、下心のある人間が自分の利益を得るために取る行動に、誰が心を動かされるでしょうか。相手の行動と気持ちが一致せず、どこか不自然で違和感を覚えるでしょう。なかには、行動からその人の本心が透けて見えるかもしれません。

見返りを求めず、部下のため、チームのため、お客様のために、心からの「ギブ」があるからこそ、返報性が働くのです。

さあ、「与える人（giver）」となり、与え続けていきましょう！

「ギブ&テイク」から「ギブ&ギブ&ギブ」へ！

3. どれだけ知っているかより、どれだけ知られているか

人とのつながりを「人脈」という言葉で表現することがあります。人脈を語るうえで、どんな人を知っているか、あるいはどれだけ顔が広いかなどを基準に、「人脈がある」「人脈がない」を判断することが多いようです。ですが、本当にそれは「人脈」と呼べるレベルなのでしょうか。

クリエイティブディレクター三浦崇宏氏は「〝人脈〟は地球上で最も下品な言葉である」と述べています。

『新R25』の対談では、こんな発言をしています。

「人脈って、〝損得〟という一面でしか人を捉えていない言葉だから。人のことを金儲けの道具としか見ていない。そんなの下品すぎるでしょ。人脈って、地球上で最も下品な言

葉だと思うよ」


辞書で「人脈」という言葉をひくと、このように出てきます。

「《山脈・鉱脈などになぞらえた語》ある集団・組織の中などで、主義・主張や利害などによる、人と人とのつながり」

見ると「人脈」という言葉の意味に、そもそも「利害」が入っています。言葉自体が悪いわけではなく、人脈という言葉を使う人のあり方やマインドにも問題があるのかもしれません。


社会の一員である以上、他者との関わり合いがなくなることはありませんので、その関係性が「自分」と「自分の存在価値」を決めていると考える方が自然です。相手とどう関わっているかが、そのまま自分と他者との関係の強さや濃さとして表れます。

こう考えてはどうでしょう。自分が相手に与えられる価値があることが前提で、相手が差し出す価値と同等の価値を交換する。いや、それ以上の価値を与えるのです。

同じ時間を共有して、何も得られない相手は、時間の無駄どころかマイナスでしかありません。そこに何か一つでも、新たな情報や、ひらめき、気づきとなる視点、あるいは純粋に楽しいといった経験が得られるかどうかが、出会いの価値を決めます。

相手に価値を与え、相手の役に立った結果、その人の脳内にある重要ランキングにおいてあなたの順位がアップします。あなたに、他人から知られるに値する「何か」があって、「結果的に」生まれてくる人とのつながりこそ、価値があるのではないでしょうか。

私は職業柄、年300回以上のセミナーに登壇しております。講師は参加者のことを知りませんが、参加者は講師のことを知っています。私のことが知られているからこそ、セミナーに人が集まるのです。どれだけ人を知っているかより、どれだけの人に知られているかが重要だというのは、この例からもわかるはずです。

さて、「人脈を広げたい」「人間関係、交友関係を広げたい」などという人は、たいてい何らかの目的が存在します。「営業先を新規開拓するために人脈を広げたい」「仕事をサポートしてくれる人を見つけたいから人脈を広げたい」などの目的です。「〇〇のために」に入る言葉や考え方が「我田引水」ではないかと、先の三浦氏は言っているのではないでしょうか。

まず人とつながるのではなく、相手に何かをした「結果」つながるという順序が大事です。自分の利益だけを目的とした「くれくれ君」（仕事をくれ、お客さんを紹介してくれ）は、まさに我田引水です。そんなハイエナのようなマインドではなく、「他田流水（他人の田んぼに水を流す）」というマインドで人と関わりましょう。その結果が、人とのつながりになるのです。

!

「他田流水」マインドが、人との繋がりを広げる。

4. 見た目を磨く。人はパッケージで物を買う

コンビニでチョコレートの新商品AとBが並んでいます。AとBは値段、個数、容量、原材料などのスペックはほぼ一緒とします。すると、最終的にAかBのどちらを買うか、その決め手は何になりますか?

そう、「パッケージ」です。中身がほぼ一緒で甲乙付け難いならば、最後は見た目で選ぶのです。

面接も、新規開拓も、交流会でも、第一印象は見た目です。「初めまして」の第一印象は、自分が思う以上にとても重要です。ファーストコンタクトでしくじると、次でかなりのリカバリーが必要になります。第一印象というアンカー(先行情報)に引っ張られて、その後の判断全てに影響を与えます。

中身が優れている人ほど、中身に頼り見た目をおろそかにして、手を抜いてしまうこと

がよくあります。中身が優れているのに、見た目で判断され、自己開示まで到達しないままコミュニケーションが終わってしまう。本来スムーズに行けるはずのステップに、見た目のせいで時間がかかってはもったいないのです。

認知バイアスの一つに、「ハロー効果」があります。

社会心理学の用語で、ある対象（人や物事）を評価する際、それが持つ顕著な特徴（長所や短所など）に引きずられて、他の特徴についての評価が歪められる（＝認知バイアス）現象のことです。

例えば、目の前に二人の学生がいて、片方が「僕、東大です！」と言えば、能力を計らなくてもその学生のほうが優れていると評価しがちです。面接でも、全く同じスペックの人間が2人いた場合、ヨレヨレのシャツを来た人よりも、アイロンがかかったワイシャツを着て身だしなみが整った人の方が印象はよく、優秀に思われるでしょう。好感度の高い芸能人をCMに起用すると商品が売れ始めるのもそのためです。

人はハロー効果によって、第一印象からの先入観で判断評価します。見た目がボロボロであれば、「その程度の人」という印象を与え、中身に至る前に試合終了です。「人間はそういう生き物だ」と理解して、ではどう立ち振る舞うのかを考えましょう。

あなたは、初対面の方から、「あの人とお話してみたいな」と思われるような表情、立ち居振る舞い、服装をしていますか？　部下から「一緒に仕事をしたい！」と思われるような言動をしていますか？

私は、日本酒の会へお誘いいただいた際、着物を装い参加するようにしています。お誘いいただいた方への御礼の気持ちと、日本酒を醸した蔵の方々への想いを形にするのです。装いに時間をかけ、準備をして参りました、という思いを伝える意味合いです。装うことは、相手への贈り物にもなりうるという「装いはギフト」の精神で、仕度をします。外見とは、一番外側の心なのです。

！

あなたの見た目は大丈夫ですか？
「装いはギフト」である

5. 言葉を磨く。言葉は最強の武器になる

言葉は最も身近なコミュニケーション手段の一つです。身近過ぎるゆえ、言葉が持つ偉大なチカラに気付かない人も多いでしょう。失言一つで政治家が失脚し、自民党は「失言防止マニュアル」なるもので対策するほどです。

言葉は、自分の物の考え方や捉え方、思考をつくり、自分の人生をも決定づけます。

また、使う人により、言葉の意味や想起されるイメージが異なります。言葉で想起されるイメージはこれまでの経験や体験に紐づいていますので、解釈の個人差が出るのです。

例えば、小学校の「運動会」。想起されるイメージはいかがでしょうか。

リレーで1位に輝いたことや、どこかのお父さんがゴール直前、見事に転んだことなど楽しい思い出が浮かぶ人がいます。一方、仕事が大忙しの両親は休みがなく、昼休憩は教室で一人静かにお弁当を食べたという思い出がある人もいるでしょう。全ての人が「運動

会」に対して楽しい思い出になっているかといえば、そうではないのです。「運動会＝楽しかった」と「運動会＝思い出したくない」など、同じ言葉でも、そこから想起されるイメージや感情は人によって異なるのです。

その人の体験により、言葉のイメージ、解釈、意味合いが少しずつ異なります。同じ言葉でも、受けとり方に違いが生じることを理解しておく必要があるでしょう。

伝えたいイメージや思いを言語化する能力も重要です。自分が伝えたいことを、どんな言葉を使って表現するのか。言いたいことがいくら頭の中にあっても、言葉にしなければ相手に伝わりません。言葉にできても、伝えるすべを知らなければ、社会では、何も考えていないのと同様にみなされます。しかし、思いつくままに言葉を羅列すればよいかといえば、それも違います。自分の伝えたいことを一言で簡潔に述べるスキルを身に付けるのです。それには、物事の本質を捉え、真に理解できているかどうかがカギになるのです。

スクールで受講生に出している課題に、ニュース記事の要約があります。ニュース記事を、タイトルとリード文を見ずに読みます。そして、その記事を要約し、最後は記事にタイトルを付けてもらいます。ちなみに、ニュース記事のタイトルは13文字が多いです。

Yahoo!のニューストピックスの約13文字の見出しに見慣れているからだと言われています。

簡単な例題を出しましょう。

「走れメロス」（太宰治）を要約してください。一言で伝える練習です。これは、是非やってみてください。（答えを書くと、実際にやる人が減るのであえて書きません）

会社では、言葉を使って相手に成果を出させる必要があります。言葉を使ってコミュニケーションをとり、気持ちを高めたり、気づきを与えたり、分かり合ったりするのです。

つまり、どんな言葉を使うかで結果が変わってくるのです。

相手にちょっとした作業を頼むとき、どうお願いするでしょうか。

①「たいした仕事じゃないから、すぐ終わるから、お願いしてもいいかな？」

②「あなたにとって簡単すぎる仕事かもしれないけど、お願いしてもいいかな？」

どちらも、軽めの仕事をお願いしています。ですが、依頼された側の受け取りに違いが出るでしょう。①の伝え方は、あまり健全とは言えません。「たいした仕事じゃないから」と言われると、自分を低く見られている気がします。「たいした仕事じゃない」と言われた相手がどう受け取るのかという心の機微を察して慮ることができるかどうか。それが言葉選びのセンスであり軸になるのです。

どんな言葉を使うかの選択は、その人の思考レベルや、品性、人格などが影響します。つまり言葉は、その人が歩んできた人生の表れでもあるのです。

!

言葉を磨き続けよう。
言葉は時に、火よりも熱く、
氷よりも冷たく、剣よりも強い

6. 徳を積む

成功者と呼ばれる人にはいくつか共通点があります。その一つが「徳を積む」です。「日本のウォーレン・バフェット」と呼ばれた竹田和平氏（竹田製菓創業者）も、徳を積む重要性を説いていています。

「徳」とは何でしょうか。辞書で引くと次のように出ています。

1　身についた品性。社会的に価値のある性質。
　善や正義にしたがう人格的能力。「徳を仰ぐ」

2　広く他に影響を及ぼす望ましい態度。のり。おしえる。めぐむ。

つまり、よい行いで社会や誰かの役に立つことと言えるでしょう。すると真っ先に思い浮かぶのが寄付やボランティアです。

例えば、年間3000万人の観光客が訪れる江戸のランドマークといえば浅草寺ですが、その雷門は松下幸之助氏の寄付で再建されました。雷門は1865年（慶応元年）に田原町の大火で焼失してしまいました。その後100年近く門がない状態でしたが、松下氏の寄進で江戸の顔が蘇ったのです。

また、永守重信（日本電産株式会社創業者）氏は、出身地である京都府向日市に市民会館の建て替え費用として、私財約32億円を寄付しています。建て替えられた市民会館の新名称は「永守重信市民会館」となりました。

さらに、これはただただ「スゴイ！」の一言ですが、孫正義氏は東日本大震災後に、自治体、公益法人、東日本大震災復興支援財団などへ計100億円を個人のポケットマネーから寄付しています。

寄付に関しては6章の「収入1割を『寄付る』」でも詳しく記していますが、徳を積む実践として非常に役立ちます。

また、「徳積み」は寄付だけではなく、日常のちょっとしたことでもOKです！　では、誰でも今日からできる「徳積み」の例を見ていきましょう。

①先を譲る
エレベーターの乗り降りを優先する
ホテルでドアを開けて先を通す
飛行機の席から通路への割り込みを促す

②声をかける
エレベーターで「何階ですか？」と笑顔でうかがう
地図を見ながら立ち止まっていたら「どちらかお探しですか？」と笑顔で聞く
落とした手袋を、拾って追いかけ、届けてあげる

③補充する
ポットのお湯を補充する
トイレットペーパーを補充する
会社のキープボトルを補充する

これらの行動は「陽徳」といい、誰かに知られている行為になります。電車で、目の前

に老人がいたら席を譲ることや、料理を取り分けてあげるのも陽徳です。陽徳も「徳積み」ですが、さらに美しいのは「陰徳」です。それは人知れず良い行いをすることです。

・誰にも気づかれずに、コピー用紙を補充する
・誰にも気づかれずに、道に落ちているゴミを拾う
・拾ったお財布を届ける
・衣類についた糸くずを、そっと取ってあげる
・店員が片付けやすいように、皿、グラスをまとめておく
・花や草木、動物、ペットを愛でる
・物を大事に扱う

「周囲のものすべてを敬う」という点で、4章の「無敵理論」のあり方にも通じるかもしれません。人に限らず、物に対しても感謝する、物尊の精神です。

「徳積み」は、思いやりの表れでもあります。見返りを求めず、他人からの評価を期待しない自己満足ともとれる行為。しかしその行為が他者への貢献に繋がっています。自己満足ですから、他者から褒められたり、対価を貰う必要はないのです。

また、徳を積む行為により、脳が活性化し幸福感が得られる。何度も陰徳を積む行為をすることで、同じ神経経路が刺激されるので、徳を積もうとする思考回路（ブリーフシステム）ができあがっていくのです。

社会の役に立ちながら、自分の内面までも変えてしまう「徳積み」。組織も徳を積むことが重要です。スクールに長く通われている3代目経営者の方がいます。その方の会社は、ちょうど吹き溜まりとなる地形にあり、会社の周辺は、おにぎりのビニールや、コンビニの袋などが吹きよせられます。

毎朝の通勤で気になっていた経営者は、全社員でゴミ拾いをすることにしました。周辺のゴミ拾いを数回続けたところ、社内でもゴミを拾う社員が増えたそうです。今までは、言ってもゴミを拾わず、見て見ぬふりだった社員たちが、数回のゴミ拾い運動で変わって行ったのです。社員からも、「ゴミ拾いのあとは気持ちがいい」「清々しくなる」とフィードバックがあったそうです。

これを知っても、多くの人は行動しません。ですが、一度、街中の落ちているゴミを拾ってみてください。知識メタボで終わらずに、行動してみてください。ゼロからイチにするだけでも脳は活性化します。

世の中が、落ちているゴミの取り合いになるくらい、楽しくゴミ拾いをしていきましょう。

!

成功者は「徳を積む」

◆ちょこっとコラム「ゴミ拾い」

皆で徳を積めるゴミ拾い。毎週、多いときは月の半分は街をキレイにしている団体があります。「東京掃除に学ぶ会」（認定NPO法人日本を美しくする会）です。新宿や渋谷、羽田街道、神社など、いたるところでタバコの吸殻、空き缶、ペットボトル、残飯などを除去し排水溝などもピカピカに磨き、街を美しくしています。

その存在を知ったのは、友人の本庄燿士氏との会食でした。本庄氏は、日本一のクレド研修トレーナー（株式会社イーグリーン）として、クレド普及の活動のほか、2社（株式会社ベストパートナーマリッジ、株式会社ビバーチェ）の会長も務めておられます。

この「掃除の会」は、イエローハット創業者の鍵山秀三郎氏からスタートしました。当時、鍵山氏は自社のトイレ掃除を一人で始めます。ですが、社員の反応は非常に冷たいものだったそうです。「掃除なんかしてもムダ」「うちの社長は掃除しかできない」と陰で批判する社員、掃除をしている横で用を足していく社員、手伝おうとする社員は誰もいないなか、ひとり、掃除を続けました。10年たったころ、「なんだ、トイレ掃除なんかして」と嘲笑していた人間が、「同調」に変わり、一緒に掃除しはじめたそうです。

その後、掃除活動は47都道府県123カ所、海外ではブラジル、中国、米国（ニューヨーク）、台湾、ヨーロッパにも広がりをみせています。私は、この話を聞き、掃除を通じて社会を自分ごとと捉え、自分の部屋を掃除するように、いや、それ以上に、客人をもてなすかのように街をキレイにする姿勢に、感銘を受けたのです。

「トイレ掃除をして傲慢になった人はいない」（鍵山秀三郎）

第6章

「お金」

1. お金＝ありがとう通貨

起業したある友人が、こんなことを打ち明けてくれました。

「お客様からお金をもらうのが、苦手なんだ」「たくさんもらうと、悪い気がする」

お金をもらうことに抵抗を感じる人は少なくありません。ほかにも、お金を稼ぐことがいやらしく思えたり、使うことに罪悪感があったりなど、「お金」に対してメンタルブロックがかかっている人は多いのです。メンタルブロックがかかっている人と、そうではない人がいるのはなぜでしょうか？　それは、外から植え付けられたイメージだからです。

お金に対して良いイメージをもっていれば、もらうにも使うにもマイナスな感情を抱くことなく、ただの交換ツールの一つとして認識します。ところが、お金に対し悪いイメージを持っていたら、もらうにしろ使うにしろ、ネガティブな感情を覚えることでしょう。

お金に対するイメージは、外から植え付けられたものであり、虚像を実像であるかのように勝手に思い込んでいるのです。

では、お金とは何でしょうか。先述の友人はお金に対してメンタルブロックがかかっている典型的な人なので、こんな例えで伝えました。

――駅の階段でとても重そうな荷物を苦労して運んでいるおばあちゃんがいます。このままだとおばあちゃんは電車に間に合いません。すると、それに気づいた若者が荷物を上まで運んであげました。そのおばあちゃんは、

「ありがとう。とても助かったわ。このままだと、きっと電車に乗り遅れていたはず。よかったらジュースでも飲んでね」

と、千円札を若者に渡しました。

この例えのように、自分の行いが相手の役に立つと、その人から「ありがとう」と感謝されます。会社も商品やサービスを通じて、直接的または間接的でもユーザーの役に立つと「ありがとう」と言われます。他人の役に立ったり、助けになると「ありがとう」が生まれます。その「ありがとう」を形にしたのが「お金」なのです。

仕事の本質は「自分以外の誰か（何か）の役に立つこと」です。

誰かの役に立ってしまったので、相手からありがとう（＝お金）が入ってきます。それが、より多くの人の役に立てば、多くのお金が入ってきます。少しの「ありがとう」であれば、少しのお金です。相手が一人でも、その人によってかけがえのないほど価値あるものであれば、その一人から多くのお金が入ってくるでしょう。

つまりは、「ありがとう」を数値化したものが「お金」なのです。

このことを友人に伝えると、お金に対するイメージが大きく変わったと言いました。メンタルブロックが外れたのでしょう。「これからは、堂々ともらえるよ！」と喜んでいました。

私は、打ち合わせを兼ねた外食が多いので、行く店は「ありがとう」を基準に選びます。「ありがとう」が多く生まれるかどうかが一つの物差しです。

お金にメンタルブロックがある人は、「ありがとう」に着目してみましょう。

お金のイメージは虚像。メンタルブロックを外せ！

2. 収入1割を「寄付る」!

『ユダヤ人大富豪の教え』の著者である本田健氏は、本の中で「大富豪には貧乏の時代から常に収入の10%を社会に寄付してきた人が多い」と述べています。これは「タイジング」と呼ばれ、「十分の一税」という意味の言葉です。もともと、ユダヤ教徒やキリスト教徒が、教会や聖職者を支えるために収入の一部を寄付する献金のことを指しました。現代では寄付先は世の中のためになるようなことで、収入の1割を社会に還元することとされています。

イスラエルとヨルダンの国境にある「死海」は、きわめて塩分濃度が高い湖として知られています。海の塩分濃度が約3パーセントなのに対し、死海は約30パーセントで、生物は生息できません。ここまで塩分濃度が高くなった原因は、「死海に出口がない」ということです。川から流れこむ入口のみで、吐き出す出口がないのです。出口がないため水は溜まる一方で循環作用がはたらかず、乾燥した気候により蒸発が進んだ結果、塩分濃度が高くなったのです。

こうした現象は自然界だけではなく、自然の一部である「人」のマインドにも起こります。自分にお金が流れ込んでくるばかりで、外に出そうとしない。そんな守銭奴のマインドであれば、「死海」のような資産状況が待っているでしょう。

それではここで、「守銭奴チェック」を行ってみましょう！

少しでも「そうかな」と思えばチェックする感じで、気軽に試してみてください。

・飲み代は一切おごらずキッチリ割り勘
・プレゼントを買うのに躊躇する、他人にあまりお金を使いたくない
・ケチでも構わない、貯金が大好き！
・損得に敏感、特に損はしたくない
・1円単位にこだわる異常な貪欲性
・タダなら貰う
・「無料」に弱い

・元を取ろうとする
・とにかくがめつい
・金持ちにも弱い

さあ、いかがでしたか。もしパーフェクトなら立派な守銭奴、死海コースです。

死海にならないためにも、今からできることがあります。冒頭の本田氏の言葉のように、収入の1割を「寄付る」ことです。チップを置く文化や、寄付に馴染みのない日本で育つと、社会への還元という視点が薄くなります。私も学生時代、アメリカへ行った際、通常は食事で1～2割のチップを置きますが、当時は個人の感覚や気持ちで金額を決めていたことを思い出しました。

寄付は、慈善団体や福祉団体だけにするものではありません（もちろんその選択肢もあります）。ここではもっと身近に、広義な「ギフトの精神」で捉えてください。

・誰かへのプレゼント
誕生日、結婚、出産、旅行のお土産、お中元、お歳暮、など思いを形にして贈る。

・ご飯をおごる
会計を先に済ませておきましょう。「今日は、たくさん良い話が聞けたので、ここは私が」などの一言を添えたいものです。
・少し多めに払う
割り切れない、数字が細かくなることも多々あります。潔く百円単位は切り上げです。小銭を出さず、お札を重ねて出しましょう。
・応援したいチームへの支援
野球、サッカーなどのスポーツ選手やチーム、音楽、絵画などのアーティスト、表現者のグッズを買うのも支援です。

また、先を譲る、笑顔の寄付など、お金以外に限らず、自分の所有資産すべてを通じて相手の役に立つことも含めて、トータルで「寄付る」に含むという解釈です。
自分の所有している資産を何かにさし出すことは、出口を作ることです。死海マインドに染まらないように、自浄していきましょう。

収入の1割を、「寄付れる」人へ！

3.「5つの軸」浪費・消費・投資・学費・ご褒美（費）

お金は入ってきたら「出口も重要」と述べました。
次は、何に使うかにも触れていきます。
お金の使い方を消費、浪費、投資の3種類に分類することはよくあります。

①消費：生活費に該当するもの。日々生活していく上で掛かる最低限の支出。家賃、食費、交通費、光熱費、通信費など。
②浪費：無駄な出費。結局使わない衝動買い、行きたくもない飲み会、メニューが松竹梅と3ランクあるとつい見栄を張って頼む松の寿司、などが該当します。
③投資：株式投資、不動産、投資信託、国債、社債、外貨など、後々のリターンが見込まれるもの。

私は更に2つの使途を追加します。学費と「ご褒美（費）」です。学費は投資に含まれるとの考えもありますが、あえて分けています。投資の目的はリターンですが、学費は目に見えない財産を築くことが目的です。知識や経験など、学びに対するお金です。

④学費：書籍、研修、セミナー、スクール、など、リアルでもオンラインでも学びにかけるお金。

実際にお金を払ってセミナーへ行ってみると、情報の密度が全然違うことがわかるでしょう。（中にはそうでないものもありますが……）

ビジネススクールでは、3000円程度で誰でも気軽に受講できるセミナーもあります。飲み会の会費より安いかもしれません。しかし、安いセミナーでは得られる情報量は限られます。よりたくさんの学びや情報を得たい人は、それだけお金をかければいいのです。自分の欲しい情報や体験をいくらで買うのかが、「学費」を考えるうえでのポイントといえます。

そして5番目にあるのが「ご褒美（費）」です。ご褒美（費）と浪費を分けたのは、気持ちのコントロールができず、ネガティブな感情で使ってしまうのが浪費だからです。

ご褒美（費）は、ネガティブな感情や、自分を甘やかすのではなく、心のビタミン剤のようなものとしてとらえてください。値段ではなく、本当に食べたい料理を注文する。仮に食べたい料理が高くても、あえて金額を気にせず、出費を許容する。無駄遣いと思ってはいけません。無駄遣いと思った瞬間に罪悪感に包まれます。「ご褒美（費）」という使い方を作るのです。

また、どうしても浪費が止められないという方は、「自分がそれを欲しいと思う理由は何か?」「どういう目的のために必要なのか?」を考えましょう。心の枯渇は、モノでは埋まりません。それを購買や所有で満たそうとするから、浪費が止まらないのです。

自分のお金を「5つの軸」のどれに支出するかを理解しているかどうか、つまりお金リテラシーの問題なのです。

お金は出口が大事。使い方の意思決定を！

第7章

「考え方・キャリアアップ」

1.「コピペ人生からの脱却」

毎年、春には新卒のフレッシュ社員が入社し、「よーいドン！」で、会社員としての人生がスタートします。さて、1年後にはどのような変化があるでしょうか。

上司からの指示だけをこなす指示待ち社員か、自ら先回りをして仕事をこなす社員か、あるいは責任あるポジションで部下を引っ張る側に立つ社員か……。スタートラインは一緒でも、1年後には大きな違いが出てきます。それは何に起因しているのでしょうか？

社員の「個」の能力差、上司の指導力の差、会社の環境の差など、要因は一つとは限りません。

そもそも人は、現状を維持しようとする生きものです。昨日の行動を今日も繰り返そうとします。それは「ホメオスタシス」（恒常性維持機能）という、現状を維持しようとする脳の働きがあるからです。長く生きる為に、脳が選んだ方法なのです。

ホメオスタシスは、人間の行動すべてに影響を与えます。

先輩から言われたことだけをこなす指示待ち社員が減らないのは、このホメオスタシスが働いているからでもあります。日々、同じものだけを見て過ごし、過去の延長に未来があるという生き方です。去年と変わらない環境で過ごし、3年後も、今と変わらない会社のポジションで働く自分が現実になるのです。

もしそれを望んでいるのであれば簡単です。何もしなければ昨日と同じ未来が目の前に広がります。

今、自分の脳内にあるデータ情報だけで過ごすので、昨日と同じ今日、今日と同じ明日が訪れ、10年後も今日と何も変わらないコピペ（コピー&ペースト）な日々がやってくるでしょう。

しかし、本書を読んでいる皆さんは、それを望んでいないはずです。変化がどんどん激しくなっている現代社会で、「コピペ人生」では生き残れないとの危機感があるからこそ、本書を手に取っていただいたのだと思います。

「コピペ人生」のスパイラルから脱却する方法はなんでしょうか？

それは「ゴールの設定」です。

「なーんだ、ゴールの設定か」と思われましたか？　実は、多くの人はゴールの設定を知っていても、〝正しい〟ゴール設定はできていません。それは、現状の外側に設定する必要があるからです。「今」と「今の延長」（環境を変えずに訪れるであろう未来）も含めて「現状」といい、その「現状の外側」にゴールを設定するのです。

いつまで、過去に生きているのですか？
正しいゴールが現状を変える！

2.「ノリ」が大切！　迷ったらGO！

人生とは決断の連続です。それほど大それた決断ではなくても、「するか、しないか」「行くか、行かないか」「買う、買わない」といったレベルでも、迷うことは日常茶飯事です。迷うことについて結論から言いますと「迷ってもムダ」です。

ちょっと突き放したような棘のある言い方に聞こえるかもしれませんが、笑顔でこれを書いています。

なぜ、「迷ってもムダ」といえるのでしょうか？　それは、いくら時間をかけて迷いに迷ったとしても、導き出される結論は、迷わず決めた場合とほぼ同じになる可能性が高いのです。ほぼ同じ結果になるのであれば、迷っている時間がもったいないですよね？

「ファーストチェス理論」をご存知の方もいらっしゃるでしょう。白と黒の駒（チェス）でキングを攻める、西洋将棋のあのチェスです。この競技では、5秒以内に一手を打つというルールがあります。

「5秒で考えた手」と「30分かけて考えた手」。なんと、その86％が同じ結果であることが実証されているのです。

ソフトバンクグループ代表の孫正義氏は、「10秒考えれば十分」と言っています。その発言の背景には、この裏づけがあるからかもしれません。ちなみに、孫代表がアリババ創業者のジャック・マー氏に会った際、たった6分の面談で2000万ドル（約20億円）の出資を行ったことは有名です。実際は6分もかからずに出資を決めていたのではないでしょうか。

話を戻します。

なぜ「迷う」のでしょうか。

迷いとは、事象に対して、判断材料となるデータの少なさから来るものです。その決断に必要な情報が十分揃っていて、かつ論理的なアルゴリズム（解を得るための算法）を回せれば、「こちらにしよう」「あちらが良い」と即断即決が出来るはず。情報が不足しているから迷うのであって、判断材料となるデータが少ないのであれば、データを増やせばいいのです。ジャッジする情報、材料、自分の経験を増やす。それだけです。

無いなら作る。経験も無いなら作る、経験すればいいのです。さあ、迷ってる暇はありません。常にＰＤＣＡを高速に回し、日常的に小さなトライ＆エラーを無限に繰り返しましょう。そうすることで経験が脳のデータベースに蓄積され、情報同士が結びつき、アウトプットとして直感が磨かれます。

５秒で直感的に出した答えと、30分かけて出した答え。それがほぼ同じ結果ということは、人間の直感はかなり信頼できるといえるのではないでしょうか。

迷いはムダ。直感を磨く！

3. 転職成功は希少性にあり

転職求人紙『ジョブキタ』にて、転職者へのアドバイスをしています。アドバイスをしていて感じるのは、あまりにも準備不足のまま求人市場へ飛び込む人が多いことです。その結果、次の職場が決まらずに、焦りや不安で軽率な判断をしてしまう人も見受けられ、残念に思うことがあります。

私のこれまでのコンサルティング経験から見て、不採用が続くタイプは4つに大別できます。

①未熟型：単純にスキルが不足している方。資格や実績などが企業に求められるレベルへ達していないタイプ。

②安直型：「もっと良い給与の会社へ」「休みが多い会社へ」など転職の動機や目的が安

直なタイプ。

③逃避型：「とにかく今の職場を一刻も早く去りたい」が転職の最大の理由のタイプ。

④自己中型：求人市場の動向や企業の求人ニーズなどを捉えず、自分自身の市場価値が曖昧なタイプ。

そもそも転職の目的はなんでしょうか。

自分のしたい仕事、自己実現が現在の職場で可能かどうか？　あるいは、自分の時間を何に使いたいか？　によるところが大きいのです。

今の環境に、やりたい仕事がなく、このままでは自分の時間を無駄にしてしまう……。そこで初めて転職を考えるのが順当です。それに比べ、前述の４タイプは異なります。「まず転職ありき」の発想です。いうなれば転職が目的になってしまっています。

転職やこれからの仕事において重要な軸は、「自分という個の力を何に生かすのか？↓どんなことにやりがいや充足感を感じられるのか？　↓その仕事は何なのか？」ということです。その軸が定まれば、転職市場のスタートラインには立てるでしょう。

問題はそれからです。

転職は需要と希少性を意識する！

転職成功の秘訣は「希少性」にあります。転職市場において、自分はどれだけの価値があるのかということです。志望する業界・職種で要求されるスキルに応えられるかどうかです。それを判断するには、業界・職種の分析が必要でしょう。

また、その業界・職種の誰もが持つスキルは、供給が飽和状態にあります。マストではあるものの、供給過多なので価値は高くはありません。

その業界・職種で「その人にしかできない」というスキルや能力があれば、需要に対して供給が過少なので、「希少性」が宿ります。その希少性という価値が転職を優位なものに働きかけるのです。

4. 起業・独立も夢じゃない!?最も重要な「使命感」とは

イギリスの心理学者デヴィッド・ルイス氏は「通勤ラッシュ時の満員電車に乗った際のストレスは、臨戦態勢に入った戦闘機のパイロットや機動隊の隊員よりも高く、ジェットコースターが落下する寸前の2倍以上と試算される」と述べています。

もし、通勤時間を快適に過ごせていないのであれば、そのストレスたるや想像するに容易なことでしょう。

1日24時間をどうやりくりするかを考える際、「削れる時間＝睡眠時間」と捉えているのであれば、それは危険です。睡眠を削ることが、仕事のパフォーマンスや健康にどれほどの実害があるかの無知を露呈しています。

削るのは睡眠時間ではなく、通勤時間と無駄な飲み会です。

通勤時間に関しては多くの書籍で述べられていますが、それでも通勤ラッシュを仕方のないものとして受け入れている人が多くいます。

長期間ストレスを受けると人はどうなるのでしょうか？

最終的に、自分の脳内の「海馬」という部位が損傷されます。アルツハイマー型認知症も海馬の細胞の損傷が顕著に見られます。つまり、長期のストレス環境は、自分の海馬を破壊し、心身症やうつ病リスクを高めるのです。それでもまだ、ストレスを受け続ける環境に身を置きますか？


私は、通勤ラッシュとは無縁の仕事スタイルをしています。通勤時間はドアツードアで15分、車なら5分で着きます。通勤時間を短縮することで、可処分時間を生み出すことができるのです。会社員で同じことをしようとするには、リモートワークをするか、職場付近に引っ越すしかありません。どちらにしろ、自分の海馬は守られます。海馬の替えは利きませんから、一度自分の仕事スタイルを見直してみてはいかがでしょう。

仕事スタイルを見直した結果、望む環境に転職したり、社長として転職する人も増えています。既存のヒト・モノ・カネといった経営資源があるので、身一つで飛び込めます。起業、独立も夢ではありません。初めてのフィールドや未知のものには不安や恐怖を感じますが、臆することはありません。

独立・起業において重要なことはいくつかありますが、その一つをあげると、それは「使命感」です。使命感さえあれば良いというわけではありませんが、使命感は全ての起点になるものです。

ビジネススクールの講座には、講師として独立・起業を目指す「講師養成講座」があります。講座のなかで必ず聞く質問があります。

「何のために講師の仕事をしますか？」

「講師を職業として選んだ理由は何ですか？」

その答えとして「楽そうだから」（実際には研修時間は短くても準備を考えたら楽ではないのですが）「時給が高くて儲かりそうだから」という人は、すぐに消えていきます。

やはり、「医療業界の職場環境をよくしたい」「管理職の采配で部下が振り回されるのをどうにかしたい」などの、「どうしてもやらずにはいられない」という情熱、つまり使命感が、その仕事の基盤になります。

実際に受講生を見てきても、使命感の有無で、その先のビジネスや成果に大きく影響しています。

一生サラリーマンとして人生を終えるのも、一度の人生で自分のビジネスを始めるのも自由です。ただ、何かしらの使命感があれば、起業・独立が上手くいく可能性は大いにあります。通勤ラッシュとサヨナラして、望む仕事スタイルを自分でデザインできるのです。会社は、海馬の補償はしてくれませんから。

自分で仕事スタイルをデザインしよう！

5. 起業・独立して、稼げなかったら？

「これから何かに挑戦したい！」

「やりたかった仕事に就きたい！」

「独立して起業したい！」

ビジネススクールに通う社会人の中には、一定数は独立・起業を考えている方がいます。

そんな方々から、よく聞かれる質問があります。

「独立して、稼げなかったらどうなりますか？」


さあ、あなたならどう考えますか？

初めての挑戦。不安で、経験もなく、うまくいく保証などありません。

それではやらないのでしょうか。

ちょっと考えてみてください。起業・独立は、何のためにするのでしょうか？　起業・独立をする動機は何なのでしょうか。これからの挑戦、希望する仕事、そして独立・起業……。それらは、何のためにするのか？　それをする動機は何なのか？

お金ですか？　成長ですか？　使命感ですか？

「挑戦」そこには不安とリスクが存在します。

正確には、「ワクワクとリスク」なのですが、不安を感じる人が多いようなので、ここではあえて「不安とリスク」としています。

どんな経営者でも、経営者1年生を経験しています。スティーブ・ジョブズもジャック・マーもジェフ・ベゾスも、名だたる経営者たちにもみな、1年生の時期があったわけです。それまでの人生において経営を一度もやったことがない状態で、全てが初めてづくし。わからないことだらけのなか、トライ&エラーを繰り返したのです。

その途上で道の分岐がやってきます。いわば、パラレルワールドです。

A.やってみたけど、うまくいかない。思っていたほど儲からない。「ダメだ、やーめよ」。そして、次に儲かりそうなビジネスへ転々と……。

これも、もちろん一つの選択です。

一方で違う選択もあります。

B.「なぜうまくいかないのか」「他に方法はないか」「どうやったらできるのか」——これしか考えない。

AとB、どちらを選ぶかは自分次第です。どちらの選択も尊重します。ただ、この選択の違いは、どこからくるのでしょうか?

Aは予測に対して望む結果が得られなかったがゆえ、サッサと次のビジネスを探します。Bはどうやったらできるかを考えているのです。

この違いはどこから来るのかというと。「それ」をする動機にあります。何のためにするのでしょうか?　その動機は何なのか?　お金のためなのか、自己成長のためなのか、それとも使命を感じてするものなのか。

こうした問いを繰り返していくと、全ては「インサイドアウト」であることに気づきます。

「全ての重要で連続性のある変化は、自分の内側で起こり、外側へ広がっていく」という、コーチングの大家ルー・タイスの言葉です。

出発点はいつも、自分の中なのです。

出発点がどこにあるかによって、飛べる高さ（見える世界）、歩く距離（つながる人脈）、潜れる深さ（得られる人間力）に差が出るのです。また、創造的な発想や、主体的な行動、継続的なエネルギーが生まれるのです。

内なる声は、宇宙に通じる

6. 他人軸と自分軸

セミナー参加者や、スクール受講生との対話の中で感じることは、無意識のうちに「他人軸」で生きている人が多いということです。他人軸とは、自分の評価を他人や相手に委ねている状態です。これには初等教育の弊害ともいうべき背景があります。

例えば小学校のテストです。答案には、正解か、間違っているかの、「◯」か「×」が必ずつきます。答えは一つであり、「◯」がついた答え以外は全部「×」だと教えられるのです。◯か×かを判断するのは先生で、生徒は「先生、これあってますか？」と聞くだけです。そして、先生が◯を出したものは正しく、×を出したものは間違っている、と刷り込まれるのです。この教育の延長線上に「意思決定」の許可（◯か×か）が続きます。

生徒「先生、これやっていいですか？」
先生「いいですよ」

この「○」が出されてから動くのです。

先生からの評価、先生からの許可が日常になっていくうちに、自分で自分を評価する「自分軸」を失い、気づけば「他人（先生）軸」で生きています。

先生の評価が自分の評価。他人が自分の価値を決める。しかし、先生の物差しは本当に正しいのでしょうか？　10人の先生がいたら10通りの物差しがあります。測る側の価値観が違えば、おのずと評価も変わります。卵焼きも、甘いかプレーンか、塩味か出汁か、などで好き嫌いの評価は分かれます。同じ味でも、相手によって評価は変わるのです。同じパフォーマンスをしたとしても、相手によって評価が変わるということです。

例えば、100人の前で7分のスピーチをし、その感想を聞いたとします。

Aの評価「とってもよかったよ！」

Bの評価「まあ、よかったんじゃない？」（社交辞令で評価としては普通）

Cの評価「ダメだね。もっと練習しないと。」

100人は同じスピーチを聞いていますが、評価は一定ではありません。そして1週間後、何度も練習を重ね次こそは、とスピーチに挑みます。

Aの評価「前よりも、もっとよくなってたよ！」

Bの評価「よいと思うよ」（いつもの社交辞令で特に興味関心はないレベル）

Cの評価「ああ～まだまだだね。最後の結びがちょっとな～」

100人が同じスピーチを聞いても評価が割れる。C評価をする上司についたら大変です。真面目な部下は、OKが出るまで頑張り続けた結果、身も心もすり減らしていくでしょう。他人軸で生きるとは、C評価の人たちを相手に生きていくことなのです。

本来、自分の評価は自分でする必要があります。自分の良さや素晴らしさ、能力、価値、存在全てを自分で評価するのです。他人の評価や誰かとの比較には意味がありません。自分で軸を持つ、それが「自分軸」な生き方です。

こう言うと、「自分勝手な生き方にならないでしょうか？」という質問が出ます。

自分勝手な生き方と、自分軸の違いは何でしょうか。自分軸とは、自尊心をもち、自分で自分を認めることです。自己中心的な私利私欲、他人を顧みず自分さえよければいいといった、自分を客観視できない振る舞いとは違います。また、その客観性が生活に支障をきたしているかどうかではないでしょうか。それと自己責任はセットになります。

「自分」は他者との関係性で成り立っています。そしてその関係性の状態は調和や均衡であったり、不調和や不均衡、衝突の関係であったりします。自分軸では、自分の価値を他者に委ねることなく自分で評価し、相手の価値基準や存在自体も等しく尊重します。つまり、関係性が調和や均衡の状態を保つことができるのです。

一方、自分勝手や自己中心的な人は、自分が他者との関係で成り立っている感覚は低く、関係性は不調和・不均衡に陥ります。「あの人、自己中だよね」という発言の裏には、良好な関係性を築けていない、またはどちらか一方がそう思っていることが伺えます。

自分の軸を持ち、自分で自分を評価する。そこに相手の軸を尊重する相互理解も然るべきです。

「依存」から「自立」へ

7. 人の評価は「2：6：2」の法則

働きアリと働かないアリの話をご存知の方も多いでしょう。

「2割の働きアリが、全体の8割の食料を集めてくる」という話です。するとつい私たちは、2割の働きアリだけを集めて、効率の良い「最強チーム」を作りたくなってきます。

ところが、実際に2割の働きアリのみで組織をつくると、いつの間にか働かないアリが出てくるのです。逆に、働かないアリだけでチームを作っても、今度は2割の働きアリが出てくるという、同じ結果になるそうです。

こうした法則を「パレートの法則」「ニハチの法則」と呼ばれています。

さらに細分化すると「2：6：2の法則」になります。

働きアリ2割、普通のアリ6割、本当に何もしないアリ2割、というバランスです。

組織で考えると、上位2割は非常に優秀、真ん中の6割は普通、下位2割は生産性がとても低い、という状態です。

また、こんな例もあります。

コンビニ店舗に並んでいる全ての商品のうち、2割の商品が全体の8割の売上を作っているそうです。売上の8割は、2割の売れ筋商品でまかなっているということです。いわば、1人か2人の売れっ子アイドルが、他の売れない芸能人を含めた全体の売上を支えている芸能事務所のようなイメージです。

これを、評価にはめ込むとどうなるでしょうか。前項で触れた、他人軸と自分軸の例で見てみましょう。

100人の前で7分のスピーチをし、その感想を聞きました。

Aの評価「とっても良かったよ！」

Bの評価「まぁ、良かったんじゃない？」（社交辞令で評価としては普通）

Cの評価「ダメだね。もっと練習しないと。」

まさにこの評価の割合も2：6：2なのです。

「とっても良かったよ！」2割

「まぁ、良かったんじゃない?」(普通)6割
「ダメだね。もっと練習しないと」2割

全員、同じスピーチを聞いていますが、評価は「2:6:2」に分かれます。これは自然界の法則なので、受け止めるしかありません。何度も練習を重ねてどれだけ上達しても、下位の評価をする2割は存在します。


余談ですが、受講生の方から、こんな質問を受けました。

「コーチングの本を探していますが、何を読んだら良いでしょうか?」

私は、「気になる本で良いですよ」と前置きしたうえで、何冊かご紹介させていただきました。すると、「『〇〇(本のタイトル)』は、アマゾンの評価が分かれているのですが、どうでしょうか?」と踏み込んだ質問がきました。

そもそも、人の評価は分かれるものなのです。読者の知識レベルが違うので、知識が薄い人にとっては、本に書かれているすべての内容が新鮮で、1ページごとに未知との出合いがあるわけです。ところが、読書が習慣となり知識を蓄えた人であれば、もう既に知っている内容の方が多く、あまり得るものがないと感じるのも当然です。

では、その時間が無駄になったかというと、そうではありません。というのも、過去に読んだ本を、久しぶりに手にとって、その本に何が書いてあったかを言える人はほとんどいないのです。「なにが書いてあったかな？」と思いながらページをめくるでしょう。つまり、自分の深く眠っていた知識を掘り起こしてくれるきっかけになるものなので、時間の無駄とはいえないのでないでしょうか。それだけ多くの知識が自分にはあると確認できるので、自分の成長を感じられたりもします。

いずれにせよ、同じ内容やクオリティでも、人からの評価は必ず分かれるものです。だからこそ、自分軸で判断することが重要なのです。

他人の評価は、「2：6：2」で分かれる

◆ちょこっとコラム「アリの話」の続き

「働かないアリ」は必要だった、という研究結果があります。北海道大学大学院農学研究院の長谷川英祐准教授の研究チームによるものです。

「働きアリ」が働き疲れ、休みをとっているとき、なんと「働かないアリ」が代わりに働き始めるという現象が確認されました。

「働かないアリ」が空いたシフトをカバーすることで、仕事の処理が常に一定で行われたのです。むしろ、そのほうが組織は長続きすることが解明されました。

一見、無駄とも思える「働かないアリ」も、実はチームの存続には欠かせない役割があるということを示唆しています。

8. 経営哲学をもつ

「今後、チームがどうなることを望んでますか?」

この問いに対して、「一人ひとりが、自ら考えて行動するようになる」「自分の意見を持ち、活発なディスカッションができる」など、8割の方は何かしらの答えをします。

「では、その結果を得るために、自分は何をしていますか?」

この問いに対しては、言葉をつまらせる人が出てきます。チームに望むビジョンはあるけれど、それに向けて働きかけや行動に移せていないと言うことです。

経営者に限らず、自分なりの哲学を持つことは重要です。

自分で「問い」を建てられることができ、その問いの本質に迫り、明確な答えを持ち、追求する。良い悪いではなく、自分の信念ともいうべき軸をつくるのです。それが定まらないと、他人の意見に流され、周りを気にし、軸がぶれた状態となり、経営判断がグラつきます。

以下は、受講生によくする「問い」です。

（われわれの）使命は何か
（われわれの）顧客は誰か
（われわれの）顧客の成功とは？
（われわれ）会社の成果とは？
（われわれが）選ばれる理由とは？
（われわれは）未来をどうしたいか
（われわれは）今日どうあるべきか

この問いの答えを、リーダーだけが認識していてもダメなのです。メンバー全員が共有し、共通認識を持つことです。

また、「答え」を共有する前に、そもそもの「問い」を共有する必要があります。一人ひとりが、この本質的な「問い」の意味を理解し、同じ問いに対し、全員が同じ答えを持つ状態こそが「共有」です。

問いの主語を何にするか、も重要です。主語が「私は」のうちはまだ、自分にしか目が向いていません。自分という個の視点になります。そこから「私たちは」「我々は」となると、一つ抽象度が上がった視点になります。

自らに「問い」「考え」「決めて」「動く」。優れた結果を出すリーダーは、このサイクルを高速で回しています。「仮説」「検証」「考察」のようなPDCAを回しています。

さらに、優れたリーダーにはいくつかの共通点が見られます。成功哲学の父と呼ばれたナポレオン・ヒルは、アンドリュー・カーネギーより託された500名のリストの追跡調査で成功の原理原則を体系化させます。その密着取材から、彼らの考え方、行動、マネジメント、トラブル対応などのビジネスノウハウや、人との接し方、表情、話し方、立ち振る舞い、といったパーソナルな面までもデータとして収集し、17の原則としてまとめています。

「ミッション」「ビジョン」「バリュー」というくくりもありますし、京セラ創業者の稲盛和夫氏は「フィロソフィ」と言う言葉を使います。ソフトバンクの孫正義氏は『孫子』（中国の兵法書）が経営理念の支えになっており、理念を「道」、ビジョンを「頂」という漢字1文字で表現しています。使う言葉は違いますが、本質は同じです。普遍的な原理原則や基礎となる部分を確立したうえで、応用し、自分の言葉で編集し再構築する。

そして、経営哲学を持つのがゴールではありません。それを、わかりやすい言葉にして人に伝え、どんどん巻き込みながら働きかけていくことが必要です。

もし、今のチームや自分のやり方が、軍隊的な上意下達の指示系統であったり、「報連相」を強要するロールモデルであれば、近い将来、通用しなくなるでしょう。過去のノウハウをそのまま使うのではなく、今のチームや多様な価値観に応用し発展させながら、常にアップデートをしていくのです。

まず、自分がやる！　全ての始まりは、自分なのです。

!

「すべての意味ある永続的変化は、内から始まり外に広がる」

あとがき

東芝、富士通、味の素など、早期退職者を募集する上場企業が増えています。年齢は45歳以上からを対象とされるケースが多いようです。味の素では、50歳以上の管理職800名の早期退職者を募っています。同社は、従業員数3494名のうち、管理職者数は1600名と、管理職と一般社員がほぼ1：1に近い比率です。（「Abema TIMES」より）

そこまで管理職の割合を多くする必要があったのかは疑問ですが、将来的にはそこまで多人数は必要ではなくなるでしょう。なぜなら、今までやってきたことの多くは、人が介入しなくてもシステムに代替され、持て余した管理職が浮いた状態になるからです。

入社から3年程度までは、その人の「伸びしろ」や「可能性」を期待して育ててくれます。ところが、入社5年たち成長スピードが弱まり、これ以上の可能性を見出せず、会社にぶら下がっているような管理職は、必要とされなくなります。

増え過ぎた管理職を、できるだけ早くに一掃し、固定費を安定させたいと会社は願うでしょう。いまや、企業のリストラ対象は「管理職」と言うのが現実です。

管理職に限らず、中途半端なスキルしかない社員や、頭を使わない仕事に従事している社員のイスはどんどん減る方向に進んでいます。

そんな厳しい変化のなかにも生き残るために……。

私は、大学を卒業後、出版社へ就職しました。社会人としての振る舞いや、組織に属するということの意味など、まったくゼロの状態からスタートし、上から言われるがまま、ただ「こなす」を繰り返していました。

ところがあるとき、違和感を覚えます。「このやり方でよいのだろうか?」「この方が早くないか?」「この作業はいるのか?」などです。上司には、「なぜ、これが必要ですか?」「この作業に意味がありますか?」などの質問をし、相手を困らせたこともあります。

もちろん答えは返ってはきません。「いいからヤレ!」とスルーされました。逆にそのおかげで「なぜこれをするのか?」の意味や目的、本質への探求が始まり、新たな「知」

を得ることができました。

そこでの学びは、「上司から教わる時代は終わるのかもしれない」ということでした。情報は自ら取りに行くものだし、今はアラート機能を使えば向こうから情報がやってきます。

そして、得た情報や身につけたスキルは、そのまま使うのではなく、相手や状況にあわせて、応用する。基本となる部分はあるものの、応用したり、編集しながら使っていくものだということです。

私は、自分が実際に現場でしてきたことがなぜうまくいったのか、の裏付けをはじめました。同様にうまくいった先人たちの智慧（ちえ）と答え合わせをし、誰にでも同じ成果が得られるよう、再現性のあるものとしてまとめました。

それが本書です。将来のリストラのターゲットとなりうる管理職の方に向けた「あり方」の本です。戦力外通告をされる前に「すべきこと」「できること」を網羅した一冊になっています。

本質を体得することで、既存の「あり方」にプラスα（拡張と更新）ができます。

また、管理職向けではありますが、役職に限らず、どの階層の方にも関係性の高いものを選びましたので、社会人の素養が身につくことにも役立ちます。

この本を通じて、ビジネスパーソンの「働く」を「ワクワク」にする！

それがスクールのビジョンであり、私の使命でもあります。

ただ読むだけでは自分のチカラにはなりません。熟慮し、実際に行動し、自分のものとして消化して初めて自分の血肉になります。食べ物も食べただけでなく、消化して初めて自分の一部となるのと同じです。

管理職が、会社の屋台骨として、「コーチフル」なマインドでチームを変えていくことが、成長への最短ルートでありハイパフォーマンスにつながると信じています。

この本が、その一助になることを願い、読者の皆様へのメッセージを結びます。

ビジネスマンスクール東京・札幌　村本麗子

村本麗子（むらもと・れいこ）

ビジネスマンスクール東京・札幌上席講師。株式会社ヒト・ラボ代表取締役。自治体・医療・建設・金融ほか、幅広い業種の研修講師を務め、経営者・医者・士業・会社員など多職種の受講生をもつ。ビジネス&プライベートの問題・課題に、ソフト（考え方・あり方）と、ハード（スキル・テクニック）の軸でレクチャー。リーダーシップ、コーチング、マネジメント、組織づくり、人材育成ほか、新人管理者～経営層まで担当し、年３００回以上のセミナー・講義に登壇。変わらない組織から変わり続ける組織へシフトするマインド育成のプロ。脳科学をベースとしたコーチングを取り入れ、ビジネスコーチとしても活躍。

「ワーク」を「ワクワク」に変《か》える

コーチフル思《し》考《こう》

2020年2月13日　初版第1刷

著者/村本《むらもと》麗子《れいこ》

発行人/松崎義行

発行/みらいパブリッシング

〒166-0003東京都杉並区高円寺南4-26-12 福丸ビル6階

TEL 03-5913-8611　FAX 03-5913-8011

http://miraipub.jp　E-mail:info@miraipub.jp

編集/近藤美陽

編集協力/末松光城

ブックデザイン/則武 弥（ペーパーバック）

発売/星雲社（共同出版社・流通責任出版社）

〒112-0005 東京都文京区水道1-3-30

TEL 03-3868-3275　FAX 03-3868-6588

印刷・製本/株式会社上野印刷所

ISBN978-4-434-27165-6 C0034